PERSISCH
WORTSCHATZ

FÜR DAS SELBSTSTUDIUM

DEUTSCH
PERSISCH

Die nützlichsten Wörter
Zur Erweiterung Ihres Wortschatzes und
Verbesserung der Sprachfertigkeit

5000 Wörter

Wortschatz Deutsch-Persisch für das Selbststudium - 5000 Wörter
Von Andrey Taranov

T&P Books Vokabelbücher sind dafür vorgesehen, beim Lernen einer Fremdsprache zu helfen, Wörter zu memorieren und zu wiederholen. Das Wörterbuch ist nach Themen aufgeteilt und deckt alle wichtigen Bereiche des täglichen Lebens, Berufs, Wissenschaft, Kultur etc. ab.

Durch das Benutzen der themenbezogenen T&P Books ergeben sich folgende Vorteile für den Lernprozess:

- Sachgemäß geordnete Informationen bestimmen den späteren Erfolg auf den darauffolgenden Stufen der Memorisierung
- Die Verfügbarkeit von Wörtern, die sich aus der gleichen Wurzel ableiten lassen, erlaubt die Memorisierung von Worteinheiten (mehr als bei einzeln stehenden Wörtern)
- Kleine Worteinheiten unterstützen den Aufbauprozess von assoziativen Verbindungen für die Festigung des Wortschatzes
- Die Kenntnis der Sprache kann aufgrund der Anzahl der gelernten Wörter eingeschätzt werden

Copyright © 2018 T&P Books Publishing

Alle Rechte vorbehalten. Auszüge dieses Buches dürfen nicht ohne schriftliche Erlaubnis des Herausgebers abgedruckt oder mit anderen elektronischen oder mechanischen Mitteln, einschließlich Photokopierung, Aufzeichnung oder durch Informationsspeicherung- und Rückgewinnungssysteme, oder in irgendeiner anderen Form verwendet werden.

T&P Books Publishing
www.tpbooks.com

ISBN: 978-1-78716-764-3

Dieses Buch ist auch im E-Book Format erhältlich.
Besuchen Sie uns auch auf www.tpbooks.com oder auf einer der bedeutenden Buchhandlungen online.

WORTSCHATZ DEUTSCH-PERSISCH
für das Selbststudium

Die Vokabelbücher von T&P Books sind dafür vorgesehen, Ihnen beim Lernen einer Fremdsprache zu helfen, Wörter zu memorieren und zu wiederholen. Der Wortschatz enthält über 5000 häufig gebrauchte, thematisch geordnete Wörter.

- Der Wortschatz enthält die am häufigsten benutzten Wörter
- Eignet sich als Ergänzung zu jedem Sprachkurs
- Erfüllt die Bedürfnisse von Anfängern und fortgeschrittenen Lernenden von Fremdsprachen
- Praktisch für den täglichen Gebrauch, zur Wiederholung und um sich selbst zu testen
- Ermöglicht es, Ihren Wortschatz einzuschätzen

Besondere Merkmale des Wortschatzes:

- Wörter sind entsprechend ihrer Bedeutung und nicht alphabetisch organisiert
- Wörter werden in drei Spalten präsentiert, um das Wiederholen und den Selbstüberprüfungsprozess zu erleichtern
- Wortgruppen werden in kleinere Einheiten aufgespalten, um den Lernprozess zu fördern
- Der Wortschatz bietet eine praktische und einfache Lautschrift jedes Wortes der Fremdsprache

Der Wortschatz hat 155 Themen, einschließlich:

Grundbegriffe, Zahlen, Farben, Monate, Jahreszeiten, Maßeinheiten, Kleidung und Accessoires, Essen und Ernährung, Restaurant, Familienangehörige, Verwandte, Charaktereigenschaften, Empfindungen, Gefühle, Krankheiten, Großstadt, Kleinstadt, Sehenswürdigkeiten, Einkaufen, Geld, Haus, Zuhause, Büro, Import & Export, Marketing, Arbeitssuche, Sport, Ausbildung, Computer, Internet, Werkzeug, Natur, Länder, Nationalitäten und vieles mehr...

INHALT

Leitfaden für die Aussprache	9
Abkürzungen	10

GRUNDBEGRIFFE   11
Grundbegriffe. Teil 1   11

1.	Pronomen	11
2.	Grüße. Begrüßungen. Verabschiedungen	11
3.	Jemanden ansprechen	12
4.	Grundzahlen. Teil 1	12
5.	Grundzahlen. Teil 2	13
6.	Ordnungszahlen	14
7.	Zahlen. Brüche	14
8.	Zahlen. Grundrechenarten	14
9.	Zahlen. Verschiedenes	14
10.	Die wichtigsten Verben. Teil 1	15
11.	Die wichtigsten Verben. Teil 2	16
12.	Die wichtigsten Verben. Teil 3	17
13.	Die wichtigsten Verben. Teil 4	18
14.	Farben	18
15.	Fragen	19
16.	Präpositionen	20
17.	Funktionswörter. Adverbien. Teil 1	20
18.	Funktionswörter. Adverbien. Teil 2	22

Grundbegriffe. Teil 2   23

19.	Wochentage	23
20.	Stunden. Tag und Nacht	23
21.	Monate. Jahreszeiten	24
22.	Maßeinheiten	26
23.	Behälter	26

DER MENSCH   28
Der Mensch. Körper   28

24.	Kopf	28
25.	Menschlicher Körper	29

Kleidung & Accessoires   30

26.	Oberbekleidung. Mäntel	30
27.	Men's & women's clothing	30

28. Kleidung. Unterwäsche	31
29. Kopfbekleidung	31
30. Schuhwerk	31
31. Persönliche Accessoires	32
32. Kleidung. Verschiedenes	32
33. Kosmetikartikel. Kosmetik	33
34. Armbanduhren Uhren	34

Essen. Ernährung	35
35. Essen	35
36. Getränke	36
37. Gemüse	37
38. Obst. Nüsse	38
39. Brot. Süßigkeiten	39
40. Gerichte	39
41. Gewürze	40
42. Mahlzeiten	41
43. Gedeck	42
44. Restaurant	42

Familie, Verwandte und Freunde	43
45. Persönliche Informationen. Formulare	43
46. Familienmitglieder. Verwandte	43

Medizin	45
47. Krankheiten	45
48. Symptome. Behandlungen. Teil 1	46
49. Symptome. Behandlungen. Teil 2	47
50. Symptome. Behandlungen. Teil 3	48
51. Ärzte	49
52. Medizin. Medikamente. Accessoires	49

LEBENSRAUM DES MENSCHEN	51
Stadt	51
53. Stadt. Leben in der Stadt	51
54. Innerstädtische Einrichtungen	52
55. Schilder	53
56. Innerstädtischer Transport	54
57. Sehenswürdigkeiten	55
58. Shopping	56
59. Geld	57
60. Post. Postdienst	58

Wohnung. Haus. Zuhause	59
61. Haus. Elektrizität	59

62. Villa. Schloss	59
63. Wohnung	59
64. Möbel. Innenausstattung	60
65. Bettwäsche	61
66. Küche	61
67. Bad	62
68. Haushaltsgeräte	63

AKTIVITÄTEN DES MENSCHEN 64
Beruf. Geschäft. Teil 1 64

69. Büro. Arbeiten im Büro	64
70. Geschäftsabläufe. Teil 1	65
71. Geschäftsabläufe. Teil 2	66
72. Fertigung. Arbeiten	67
73. Vertrag. Zustimmung	68
74. Import & Export	69
75. Finanzen	69
76. Marketing	70
77. Werbung	71
78. Bankgeschäft	71
79. Telefon. Telefongespräche	72
80. Mobiltelefon	73
81. Bürobedarf	73
82. Geschäftsarten	73

Arbeit. Geschäft. Teil 2 76

| 83. Show. Ausstellung | 76 |
| 84. Wissenschaft. Forschung. Wissenschaftler | 77 |

Berufe und Tätigkeiten 79

85. Arbeitsuche. Kündigung	79
86. Geschäftsleute	79
87. Dienstleistungsberufe	80
88. Militärdienst und Ränge	81
89. Beamte. Priester	82
90. Landwirtschaftliche Berufe	82
91. Künstler	83
92. Verschiedene Berufe	83
93. Beschäftigung. Sozialstatus	85

Ausbildung 86

94. Schule	86
95. Hochschule. Universität	87
96. Naturwissenschaften. Fächer	88
97. Schrift Rechtschreibung	88
98. Fremdsprachen	89

Erholung. Unterhaltung. Reisen	91
99. Ausflug. Reisen	91
100. Hotel	91

TECHNISCHES ZUBEHÖR. TRANSPORT	93
Technisches Zubehör	93
101. Computer	93
102. Internet. E-Mail	94
103. Elektrizität	95
104. Werkzeug	95

Transport	98
105. Flugzeug	98
106. Zug	99
107. Schiff	100
108. Flughafen	101

Lebensereignisse	103
109. Feiertage. Ereignis	103
110. Bestattungen. Begräbnis	104
111. Krieg. Soldaten	104
112. Krieg. Militärische Aktionen. Teil 1	106
113. Krieg. Militärische Aktionen. Teil 2	107
114. Waffen	108
115. Menschen der Antike	110
116. Mittelalter	111
117. Führungspersonen. Chef. Behörden	112
118. Gesetzesverstoß Verbrecher. Teil 1	113
119. Gesetzesbruch. Verbrecher. Teil 2	114
120. Polizei Recht. Teil 1	115
121. Polizei. Recht. Teil 2	116

NATUR	118
Die Erde. Teil 1	118
122. Weltall	118
123. Die Erde	119
124. Himmelsrichtungen	120
125. Meer. Ozean	120
126. Namen der Meere und Ozeane	121
127. Berge	122
128. Namen der Berge	123
129. Flüsse	123
130. Namen der Flüsse	124
131. Wald	124
132. natürliche Lebensgrundlagen	125

Die Erde. Teil 2   127

133. Wetter   127
134. Unwetter Naturkatastrophen   128

Fauna   129

135. Säugetiere. Raubtiere   129
136. Tiere in freier Wildbahn   129
137. Haustiere   130
138. Vögel   131
139. Fische. Meerestiere   133
140. Amphibien Reptilien   133
141. Insekten   134

Flora   135

142. Bäume   135
143. Büsche   135
144. Obst. Beeren   136
145. Blumen. Pflanzen   137
146. Getreide, Körner   138

LÄNDER. NATIONALITÄTEN   139

147. Westeuropa   139
148. Mittel- und Osteuropa   139
149. Frühere UdSSR Republiken   140
150. Asien   140
151. Nordamerika   141
152. Mittel- und Südamerika   141
153. Afrika   142
154. Australien. Ozeanien   142
155. Städte   142

LEITFADEN FÜR DIE AUSSPRACHE

T&P phonetisches Alphabet	Persisch Beispiel	Deutsch Beispiel
['] (ayn)	[da'vā] دعوا	stimmhafte pharyngale Frikativ
['] (hamza)	[ta'id] تایید	Glottisschlag
[a]	[ravad] رود	schwarz
[ā]	[ātaš] آتش	Zahlwort
[b]	[bānk] بانک	Brille
[č]	[čand] چند	Matsch
[d]	[haštād] هشتاد	Detektiv
[e]	[ešq] عشق	Pferde
[f]	[fandak] فندک	fünf
[g]	[logo] لوگو	gelb
[h]	[giyāh] گیاه	brauchbar
[i]	[jazire] جزیره	ihr, finden
[j]	[jašn] جشن	Kambodscha
[k]	[kāj] کاج	Kalender
[l]	[limu] لیمو	Juli
[m]	[mājarā] ماجرا	Mitte
[n]	[norvež] نروژ	Vorhang
[o]	[golf] گلف	orange
[p]	[operā] اپرا	Polizei
[q]	[lāqar] لاغر	Vogel (Berlinerisch)
[r]	[raqam] رقم	richtig
[s]	[sup] سوپ	sein
[š]	[duš] دوش	Chance
[t]	[tarjome] ترجمه	still
[u]	[niru] نیرو	kurz
[v]	[varšow] ورشو	November
[w]	[rowšan] روشن	schwanger
[x]	[kāx] کاخ	billig
[y]	[biyābān] بیابان	Jacke
[z]	[zanjir] زنجیر	sein
[ž]	[žuan] ژوئن	Regisseur

ABKÜRZUNGEN
die im Vokabular verwendet werden

Deutsch. Abkürzungen

Adj	-	Adjektiv
Adv	-	Adverb
Amtsspr.	-	Amtssprache
f	-	Femininum
f, n	-	Femininum, Neutrum
Fem.	-	Femininum
m	-	Maskulinum
m, f	-	Maskulinum, Femininum
m, n	-	Maskulinum, Neutrum
Mask.	-	Maskulinum
n	-	Neutrum
pl	-	Plural
Sg.	-	Singular
ugs.	-	umgangssprachlich
unzähl.	-	unzählbar
usw.	-	und so weiter
v mod	-	Modalverb
vi	-	intransitives Verb
vi, vt	-	intransitives, transitives Verb
vt	-	transitives Verb
zähl.	-	zählbar
z.B.	-	zum Beispiel

GRUNDBEGRIFFE

Grundbegriffe. Teil 1

1. Pronomen

ich	man	من
du	to	تو
er, sie, es	u	او
wir	mā	ما
ihr	šomā	شما
sie	ān-hā	آنها

2. Grüße. Begrüßungen. Verabschiedungen

Hallo! (Amtsspr.)	salām	سلام
Guten Morgen!	sobh bexeyr	صبح بخیر
Guten Tag!	ruz bexeyr!	روز بخیر!
Guten Abend!	asr bexeyr	عصر بخیر
grüßen (vi, vt)	salām kardan	سلام کردن
Hallo! (ugs.)	salām	سلام
Gruß (m)	salām	سلام
begrüßen (vt)	salām kardan	سلام کردن
Wie geht es Ihnen?	haletān četowr ast?	حالتان چطور است؟
Wie geht's dir?	četorid?	چطورید؟
Was gibt es Neues?	če xabar?	چه خبر؟
Auf Wiedersehen!	xodāhāfez	خداحافظ
Wiedersehen! Tschüs!	bāy bāy	بای بای
Bis bald!	be omid-e didār!	به امید دیدار!
Lebe wohl! Leben Sie wohl!	xodāhāfez!	خداحافظ!
sich verabschieden	xodāhāfezi kardan	خداحافظی کردن
Tschüs!	tā bezudi!	تا بزودی!
Danke!	motešakker-am!	متشکرم!
Dankeschön!	besyār motešakker-am!	بسیار متشکرم!
Bitte (Antwort)	xāheš mikonam	خواهش می کنم
Keine Ursache.	tašakkor lāzem nist	تشکر لازم نیست
Nichts zu danken.	qābel-i nadārad	قابلی ندارد
Entschuldige!	bebaxšid!	ببخشید!
entschuldigen (vt)	baxšidan	بخشیدن
sich entschuldigen	ozr xāstan	عذر خواستن
Verzeihung!	ozr mixāham	عذری خواهم

Es tut mir leid!	bebaxšid!	ببخشید!
verzeihen (vt)	baxšidan	بخشیدن
Das macht nichts!	mohem nist	مهم نیست
bitte (Die Rechnung, ~!)	lotfan	لطفأ

Nicht vergessen!	farāmuš nakonid!	فراموش نکنید!
Natürlich!	albate!	البته!
Natürlich nicht!	albate ke neh!	البته که نه!
Gut! Okay!	besyār xob!	بسیار خوب!
Es ist genug!	bas ast!	بس است!

3. Jemanden ansprechen

Entschuldigen Sie!	bebaxšid!	ببخشید!
Herr	āqā	آقا
Frau	xānom	خانم
Frau (Fräulein)	xānom	خانم
Junger Mann	mard-e javān	مرد جوان
Junge	pesar bače	پسر بچه
Mädchen	doxtar bačče	دختربچه

4. Grundzahlen. Teil 1

null	sefr	صفر
eins	yek	یک
zwei	do	دو
drei	se	سه
vier	čāhār	چهار

fünf	panj	پنج
sechs	šeš	شش
sieben	haft	هفت
acht	hašt	هشت
neun	neh	نه

zehn	dah	ده
elf	yāzdah	یازده
zwölf	davāzdah	دوازده
dreizehn	sizdah	سیزده
vierzehn	čāhārdah	چهارده

fünfzehn	pānzdah	پانزده
sechzehn	šānzdah	شانزده
siebzehn	hefdah	هفده
achtzehn	hijdah	هیجده
neunzehn	nuzdah	نوزده

zwanzig	bist	بیست
einundzwanzig	bist-o yek	بیست ویک
zweiundzwanzig	bist-o do	بیست ودو
dreiundzwanzig	bist-o se	بیست وسه
dreißig	si	سی

einunddreißig	si-yo yek	سی و یک
zweiunddreißig	si-yo do	سی و دو
dreiunddreißig	si-yo se	سی و سه
vierzig	čehel	چهل
einundvierzig	čehel-o yek	چهل و یک
zweiundvierzig	čehel-o do	چهل و دو
dreiundvierzig	čehel-o se	چهل و سه
fünfzig	panjāh	پنجاه
einundfünfzig	panjāh-o yek	پنجاه و یک
zweiundfünfzig	panjāh-o do	پنجاه و دو
dreiundfünfzig	panjāh-o se	پنجاه و سه
sechzig	šast	شصت
einundsechzig	šast-o yek	شصت و یک
zweiundsechzig	šast-o do	شصت و دو
dreiundsechzig	šast-o se	شصت و سه
siebzig	haftād	هفتاد
einundsiebzig	haftād-o yek	هفتاد و یک
zweiundsiebzig	haftād-o do	هفتاد و دو
dreiundsiebzig	haftād-o se	هفتاد و سه
achtzig	haštād	هشتاد
einundachtzig	haštād-o yek	هشتاد و یک
zweiundachtzig	haštād-o do	هشتاد و دو
dreiundachtzig	haštād-o se	هشتاد و سه
neunzig	navad	نود
einundneunzig	navad-o yek	نود و یک
zweiundneunzig	navad-o do	نود و دو
dreiundneunzig	navad-o se	نود و سه

5. Grundzahlen. Teil 2

einhundert	sad	صد
zweihundert	devist	دویست
dreihundert	sisad	سیصد
vierhundert	čāhārsad	چهارصد
fünfhundert	pānsad	پانصد
sechshundert	šešsad	ششصد
siebenhundert	haftsad	هفتصد
achthundert	haštsad	هشتصد
neunhundert	nohsad	نهصد
eintausend	hezār	هزار
zweitausend	dohezār	دوهزار
dreitausend	se hezār	سه هزار
zehntausend	dah hezār	ده هزار
hunderttausend	sad hezār	صد هزار
Million (f)	milyun	میلیون
Milliarde (f)	milyārd	میلیارد

6. Ordnungszahlen

der erste	avvalin	اولین
der zweite	dovvomin	دومین
der dritte	sevvomin	سومین
der vierte	čāhāromin	چهارمین
der fünfte	panjomin	پنجمین

der sechste	šešomin	ششمین
der siebte	haftomin	هفتمین
der achte	haštomin	هشتمین
der neunte	nohomin	نهمین
der zehnte	dahomin	دهمین

7. Zahlen. Brüche

Bruch (m)	kasr	کسر
Hälfte (f)	yek dovvom	یک دوم
Drittel (n)	yek sevvom	یک سوم
Viertel (n)	yek čāhārom	یک چهارم

Achtel (m, n)	yek panjom	یک هشتم
Zehntel (n)	yek dahom	یک دهم
zwei Drittel	do sevvom	دو سوم
drei Viertel	se čāhārrom	سه چهارم

8. Zahlen. Grundrechenarten

Subtraktion (f)	tafriq	تفریق
subtrahieren (vt)	tafriq kardan	تفریق کردن
Division (f)	taqsim	تقسیم
dividieren (vt)	taqsim kardan	تقسیم کردن

Addition (f)	jam'	جمع
addieren (vt)	jam' kardan	جمع کردن
hinzufügen (vt)	ezāfe kardan	اضافه کردن
Multiplikation (f)	zarb	ضرب
multiplizieren (vt)	zarb kardan	ضرب کردن

9. Zahlen. Verschiedenes

Ziffer (f)	raqam	رقم
Zahl (f)	adad	عدد
Zahlwort (n)	adadi	عددی
Minus (n)	manfi	منفی
Plus (n)	mosbat	مثبت
Formel (f)	formul	فرمول
Berechnung (f)	mohāsebe	محاسبه
zählen (vt)	šemordan	شمردن

berechnen (vt)	mohāsebe kardan	محاسبه کردن
vergleichen (vt)	moqāyse kardan	مقایسه کردن
Wie viel, -e?	čeqadr?	چقدر؟
Summe (f)	jam'-e kol	جمع کل
Ergebnis (n)	natije	نتیجه
Rest (m)	bāqimānde	باقیمانده
einige (~ Tage)	čand	چند
wenig (Adv)	kami	کمی
Übrige (n)	baqiye	بقیه
anderthalb	yek-o nim	یک و نیم
Dutzend (n)	dojin	دوجین
entzwei (Adv)	be do qesmat	به دو قسمت
zu gleichen Teilen	be tāsavi	به تساوی
Hälfte (f)	nim	نیم
Mal (n)	daf'e	دفعه

10. Die wichtigsten Verben. Teil 1

abbiegen (nach links ~)	pičidan	پیچیدن
abschicken (vt)	ferestādan	فرستادن
ändern (vt)	avaz kardan	عوض کردن
andeuten (vt)	sarnax dādan	سرنخ دادن
Angst haben	tarsidan	ترسیدن
ankommen (vi)	residan	رسیدن
antworten (vi)	javāb dādan	جواب دادن
arbeiten (vi)	kār kardan	کار کردن
auf ... zählen	hesāb kardan	حساب کردن
aufbewahren (vt)	hefz kardan	حفظ کردن
aufschreiben (vt)	neveštan	نوشتن
ausgehen (vi)	birun raftan	بیرون رفتن
aussprechen (vt)	talaffoz kardan	تلفظ کردن
bedauern (vt)	afsus xordan	افسوس خوردن
bedeuten (vt)	ma'ni dāštan	معنی داشتن
beenden (vt)	be pāyān resāndan	به پایان رساندن
befehlen (Milit.)	farmān dādan	فرمان دادن
befreien (Stadt usw.)	āzād kardan	آزاد کردن
beginnen (vt)	šoru' kardan	شروع کردن
bemerken (vt)	motevajjeh šodan	متوجه شدن
beobachten (vt)	mošāhede kardan	مشاهده کردن
berühren (vt)	lams kardan	لمس کردن
besitzen (vt)	sāheb budan	صاحب بودن
besprechen (vt)	bahs kardan	بحث کردن
bestehen auf	esrār kardan	اصرار کردن
bestellen (im Restaurant)	sefāreš dādan	سفارش دادن
bestrafen (vt)	tanbih kardan	تنبیه کردن
beten (vi)	do'ā kardan	دعا کردن

bitten (vt)	xāstan	خواستن
brechen (vt)	šekastan	شکستن
denken (vi, vt)	fekr kardan	فکر کردن
drohen (vi)	tahdid kardan	تهدید کردن
Durst haben	tešne budan	تشنه بودن
einladen (vt)	da'vat kardan	دعوت کردن
einstellen (vt)	bas kardan	بس کردن
einwenden (vt)	moxalefat kardan	مخالفت کردن
empfehlen (vt)	towsie kardan	توصیه کردن
erklären (vt)	touzih dādan	توضیح دادن
erlauben (vt)	ejāze dādan	اجازه دادن
ermorden (vt)	koštan	کشتن
erwähnen (vt)	zekr kardan	ذکر کردن
existieren (vi)	vojud dāštan	وجود داشتن

11. Die wichtigsten Verben. Teil 2

fallen (vi)	oftādan	افتادن
fallen lassen	andāxtan	انداختن
fangen (vt)	gereftan	گرفتن
finden (vt)	peydā kardan	پیدا کردن
fliegen (vi)	parvāz kardan	پرواز کردن
folgen (Folge mir!)	donbāl kardan	دنبال کردن
fortsetzen (vt)	edāme dādan	ادامه دادن
fragen (vt)	porsidan	پرسیدن
frühstücken (vi)	sobhāne xordan	صبحانه خوردن
geben (vt)	dādan	دادن
gefallen (vi)	dust dāštan	دوست داشتن
gehen (zu Fuß gehen)	raftan	رفتن
gehören (vi)	ta'alloq dāštan	تعلق داشتن
graben (vt)	kandan	کندن
haben (vt)	dāštan	داشتن
helfen (vi)	komak kardan	کمک کردن
herabsteigen (vi)	pāyin āmadan	پایین آمدن
hereinkommen (vi)	vāred šodan	وارد شدن
hoffen (vi)	omid dāštan	امید داشتن
hören (vt)	šenidan	شنیدن
hungrig sein	gorosne budan	گرسنه بودن
informieren (vt)	āgah kardan	آگاه کردن
jagen (vi)	šekār kardan	شکار کردن
kennen (vt)	šenāxtan	شناختن
klagen (vi)	šekāyat kardan	شکایت کردن
können (v mod)	tavānestan	توانستن
kontrollieren (vt)	kontorol kardan	کنترل کردن
kosten (vt)	qeymat dāštan	قیمت داشتن
kränken (vt)	towhin kardan	توهین کردن
lächeln (vi)	labxand zadan	لبخند زدن

lachen (vi)	xandidan	خندیدن
laufen (vi)	davidan	دویدن
leiten (Betrieb usw.)	edāre kardan	اداره کردن
lernen (vt)	dars xāndan	درس خواندن
lesen (vi, vt)	xāndan	خواندن
lieben (vt)	dust dāštan	دوست داشتن
machen (vt)	anjām dādan	انجام دادن
mieten (Haus usw.)	ejāre kardan	اجاره کردن
nehmen (vt)	bardāštan	برداشتن
noch einmal sagen	tekrār kardan	تکرار کردن
nötig sein	hāmi budan	حامی بودن
öffnen (vt)	bāz kardan	باز کردن

12. Die wichtigsten Verben. Teil 3

planen (vt)	barnāmerizi kardan	برنامه ریزی کردن
prahlen (vi)	be rox kešidan	به رخ کشیدن
raten (vt)	nasihat kardan	نصیحت کردن
rechnen (vt)	šemordan	شمردن
reservieren (vt)	rezerv kardan	رزرو کردن
retten (vt)	najāt dādan	نجات دادن
richtig raten (vt)	hads zadan	حدس زدن
rufen (um Hilfe ~)	komak xāstan	کمک خواستن
sagen (vt)	goftan	گفتن
schaffen (Etwas Neues zu ~)	ijād kardan	ایجاد کردن
schelten (vt)	da'vā kardan	دعوا کردن
schießen (vi)	tirandāzi kardan	تیراندازی کردن
schmücken (vt)	tazyin kardan	تزیین کردن
schreiben (vi, vt)	neveštan	نوشتن
schreien (vi)	faryād zadan	فریاد زدن
schweigen (vi)	sāket māndan	ساکت ماندن
schwimmen (vi)	šenā kardan	شنا کردن
schwimmen gehen	ābtani kardan	آبتنی کردن
sehen (vi, vt)	didan	دیدن
sein (vi)	budan	بودن
sich beeilen	ajale kardan	عجله کردن
sich entschuldigen	ozr xāstan	عذر خواستن
sich interessieren	alāqe dāštan	علاقه داشتن
sich irren	eštebāh kardan	اشتباه کردن
sich setzen	nešastan	نشستن
sich weigern	rad kardan	رد کردن
spielen (vi, vt)	bāzi kardan	بازی کردن
sprechen (vi)	harf zadan	حرف زدن
staunen (vi)	mote'ajjeb šodan	متعجب شدن
stehlen (vt)	dozdidan	دزدیدن
stoppen (vt)	motevaghef šodan	متوقف شدن
suchen (vt)	jostoju kardan	جستجو کردن

13. Die wichtigsten Verben. Teil 4

täuschen (vt)	farib dādan	فریب دادن
teilnehmen (vi)	šerekat kardan	شرکت کردن
übersetzen (Buch usw.)	tarjome kardan	ترجمه کردن
unterschätzen (vt)	dast-e kam gereftan	دست کم گرفتن
unterschreiben (vt)	emzā kardan	امضا کردن
vereinigen (vt)	mottahed kardan	متحد کردن
vergessen (vt)	farāmuš kardan	فراموش کردن
vergleichen (vt)	moqāyse kardan	مقایسه کردن
verkaufen (vt)	foruxtan	فروختن
verlangen (vt)	darxāst kardan	درخواست کردن
versäumen (vt)	qāyeb budan	غایب بودن
versprechen (vt)	qowl dādan	قول دادن
verstecken (vt)	penhān kardan	پنهان کردن
verstehen (vt)	fahmidan	فهمیدن
versuchen (vt)	talāš kardan	تلاش کردن
verteidigen (vt)	defā' kardan	دفاع کردن
vertrauen (vi)	etminān kardan	اطمینان کردن
verwechseln (vt)	qāti kardan	قاطی کردن
verzeihen (vi, vt)	baxšidan	بخشیدن
verzeihen (vt)	baxšidan	بخشیدن
voraussehen (vt)	pišbini kardan	پیش بینی کردن
vorschlagen (vt)	pišnahād dādan	پیشنهاد دادن
vorziehen (vt)	tarjih dādan	ترجیح دادن
wählen (vt)	entexāb kardan	انتخاب کردن
warnen (vt)	hošdār dādan	هشدار دادن
warten (vi)	montazer budan	منتظر بودن
weinen (vi)	gerye kardan	گریه کردن
wissen (vt)	dānestan	دانستن
Witz machen	šuxi kardan	شوخی کردن
wollen (vt)	xāstan	خواستن
zahlen (vt)	pardāxtan	پرداختن
zeigen (jemandem etwas)	nešān dādan	نشان دادن
zu Abend essen	šām xordan	شام خوردن
zu Mittag essen	nāhār xordan	ناهار خوردن
zubereiten (vt)	poxtan	پختن
zustimmen (vi)	movāfeqat kardan	موافقت کردن
zweifeln (vi)	šok dāštan	شک داشتن

14. Farben

Farbe (f)	rang	رنگ
Schattierung (f)	teyf-e rang	طیف رنگ
Farbton (m)	rangmaye	رنگمایه
Regenbogen (m)	rangin kamān	رنگین کمان
weiß	sefid	سفید

schwarz	siyāh	سیاه
grau	xākestari	خاکستری
grün	sabz	سبز
gelb	zard	زرد
rot	sorx	سرخ
blau	abi	آبی
hellblau	ābi rowšan	آبی روشن
rosa	surati	صورتی
orange	nārenji	نارنجی
violett	banafš	بنفش
braun	qahve i	قهوه ای
golden	talāyi	طلایی
silbrig	noqre i	نقره ای
beige	baž	بژ
cremefarben	kerem	کرم
türkis	firuze i	فیروزه ای
kirschrot	ālbāluyi	آلبالویی
lila	banafš yasi	بنفش یاسی
himbeerrot	zereški	زرشکی
hell	rowšan	روشن
dunkel	tire	تیره
grell	rowšan	روشن
Farb- (z.B. -stifte)	rangi	رنگی
Farb- (z.B. -film)	rangi	رنگی
schwarz-weiß	siyāh-o sefid	سیاه و سفید
einfarbig	yek rang	یک رنگ
bunt	rangārang	رنگارنگ

15. Fragen

Wer?	če kas-i?	چه کسی؟
Was?	če čiz-i?	چه چیزی؟
Wo?	kojā?	کجا؟
Wohin?	kojā?	کجا؟
Woher?	az kojā?	از کجا؟
Wann?	če vaqt?	چه وقت؟
Wozu?	čerā?	چرا؟
Warum?	čerā?	چرا؟
Wofür?	barā-ye če?	برای چه؟
Wie?	četor?	چطور؟
Welcher?	kodām?	کدام؟
Wem?	barā-ye ki?	برای کی؟
Über wen?	dar bāre-ye ki?	درباره کی؟
Wovon? (~ sprichst du?)	darbāre-ye či?	درباره چی؟
Mit wem?	bā ki?	با کی؟
Wie viel? Wie viele?	čeqadr?	چقدر؟
Wessen?	māl-e ki?	مال کی؟

16. Präpositionen

mit (Frau ~ Katzen)	bā	با
ohne (~ Dich)	bedune	بدون
nach (~ London)	be	به
über (~ Geschäfte sprechen)	rāje' be	راجع به
vor (z.B. ~ acht Uhr)	piš az	پیش از
vor (z.B. ~ dem Haus)	dar moqābel	در مقابل
unter (~ dem Schirm)	zir	زیر
über (~ dem Meeresspiegel)	bālā-ye	بالای
auf (~ dem Tisch)	ruy	روی
aus (z.B. ~ München)	az	از
aus (z.B. ~ Porzellan)	az	از
in (~ zwei Tagen)	tā	تا
über (~ zaun)	az bālāye	از بالای

17. Funktionswörter. Adverbien. Teil 1

Wo?	kojā?	کجا؟
hier	in jā	این جا
dort	ānjā	آنجا
irgendwo	jā-yi	جایی
nirgends	hič kojā	هیچ کجا
an (bei)	nazdik	نزدیک
am Fenster	nazdik panjere	نزدیک پنجره
Wohin?	kojā?	کجا؟
hierher	in jā	این جا
dahin	ānjā	آنجا
von hier	az injā	از اینجا
von da	az ānjā	از آنجا
nah (Adv)	nazdik	نزدیک
weit, fern (Adv)	dur	دور
in der Nähe von ...	nazdik	نزدیک
in der Nähe	nazdik	نزدیک
unweit (~ unseres Hotels)	nazdik	نزدیک
link (Adj)	čap	چپ
links (Adv)	dast-e čap	دست چپ
nach links	be čap	به چپ
recht (Adj)	rāst	راست
rechts (Adv)	dast-e rāst	دست راست
nach rechts	be rāst	به راست
vorne (Adv)	jelo	جلو
Vorder-	jelo	جلو

vorwärts	jelo	جلو
hinten (Adv)	aqab	عقب
von hinten	az aqab	از عقب
rückwärts (Adv)	aqab	عقب
Mitte (f)	vasat	وسط
in der Mitte	dar vasat	در وسط
seitlich (Adv)	pahlu	پهلو
überall (Adv)	hame jā	همه جا
ringsherum (Adv)	atrāf	اطراف
von innen (Adv)	az daxel	از داخل
irgendwohin (Adv)	jā-yi	جایی
geradeaus (Adv)	mostaqim	مستقیم
zurück (Adv)	aqab	عقب
irgendwoher (Adv)	az har jā	از هر جا
von irgendwo (Adv)	az yek jā-yi	از یک جایی
erstens	avvalan	اولاً
zweitens	dumā	دوما
drittens	sālesan	ثالثاً
plötzlich (Adv)	nāgahān	ناگهان
zuerst (Adv)	dar avval	در اول
zum ersten Mal	barā-ye avvalin bār	برای اولین بار
lange vor…	xeyli vaqt piš	خیلی وقت پیش
von Anfang an	az now	از نو
für immer	barā-ye hamiše	برای همیشه
nie (Adv)	hič vaqt	هیچ وقت
wieder (Adv)	dobāre	دوباره
jetzt (Adv)	alān	الان
oft (Adv)	aqlab	اغلب
damals (Adv)	ān vaqt	آن وقت
dringend (Adv)	foran	فوراً
gewöhnlich (Adv)	ma'mulan	معمولاً
übrigens, …	rāst-i	راستی
möglicherweise (Adv)	momken ast	ممکن است
wahrscheinlich (Adv)	ehtemālan	احتمالاً
vielleicht (Adv)	šāyad	شاید
außerdem …	bealāve	بعلاوه
deshalb …	be hamin xāter	به همین خاطر
trotz …	alāraqm	علیرغم
dank …	be lotf	به لطف
was (~ ist denn?)	če?	چه؟
das (~ ist alles)	ke	که
etwas	yek čiz-i	یک چیزی
irgendwas	yek kāri	یک کاری
nichts	hič čiz	هیچ چیز
wer (~ ist ~?)	ki	کی
jemand	yek kas-i	یک کسی

irgendwer	yek kas-i	یک کسی
niemand	hič kas	هیچ کس
nirgends	hič kojā	هیچ کجا
niemandes (~ Eigentum)	māl-e hičkas	مال هیچ کس
jemandes	har kas-i	هر کسی
so (derart)	xeyli	خیلی
auch	ham	هم
ebenfalls	ham	هم

18. Funktionswörter. Adverbien. Teil 2

Warum?	čerā?	چرا؟
aus irgendeinem Grund	be dalil-i	به دلیلی
weil ...	čon	چون
zu irgendeinem Zweck	barā-ye maqsudi	برای مقصودی
und	va	و
oder	yā	یا
aber	ammā	اما
für (präp)	barā-ye	برای
zu (~ viele)	besyār	بسیار
nur (~ einmal)	faqat	فقط
genau (Adv)	daqiqan	دقیقا
etwa	taqriban	تقریباً
ungefähr (Adv)	taqriban	تقریباً
ungefähr (Adj)	taqribi	تقریبی
fast	taqriban	تقریباً
Übrige (n)	baqiye	بقیه
der andere	digar	دیگر
andere	digar	دیگر
jeder (~ Mann)	har	هر
beliebig (Adj)	har	هر
viel	ziyād	زیاد
viele Menschen	besyāri	بسیاری
alle (wir ~)	hame	همه
im Austausch gegen ...	dar avaz	در عوض
dafür (Adv)	dar barābar	در برابر
mit der Hand (Hand-)	dasti	دستی
schwerlich (Adv)	baid ast	بعید است
wahrscheinlich (Adv)	ehtemālan	احتمالاً
absichtlich (Adv)	amdan	عمداً
zufällig (Adv)	tasādofi	تصادفی
sehr (Adv)	besyār	بسیار
zum Beispiel	masalan	مثلاً
zwischen	beyn	بین
unter (Wir sind ~ Mördern)	miyān	میان
so viele (~ Ideen)	in qadr	این قدر
besonders (Adv)	maxsusan	مخصوصاً

Grundbegriffe. Teil 2

19. Wochentage

Montag (m)	došanbe	دوشنبه
Dienstag (m)	se šanbe	سه شنبه
Mittwoch (m)	čāhāršanbe	چهارشنبه
Donnerstag (m)	panj šanbe	پنج شنبه
Freitag (m)	jom'e	جمعه
Samstag (m)	šanbe	شنبه
Sonntag (m)	yek šanbe	یک شنبه
heute	emruz	امروز
morgen	fardā	فردا
übermorgen	pas fardā	پس فردا
gestern	diruz	دیروز
vorgestern	pariruz	پریروز
Tag (m)	ruz	روز
Arbeitstag (m)	ruz-e kāri	روز کاری
Feiertag (m)	ruz-e jašn	روز جشن
freier Tag (m)	ruz-e ta'til	روز تعطیل
Wochenende (n)	āxar-e hafte	آخر هفته
den ganzen Tag	tamām-e ruz	تمام روز
am nächsten Tag	ruz-e ba'd	روز بعد
zwei Tage vorher	do ruz-e piš	دو روز پیش
am Vortag	ruz-e qabl	روز قبل
täglich (Adj)	ruzāne	روزانه
täglich (Adv)	har ruz	هر روز
Woche (f)	hafte	هفته
letzte Woche	hafte-ye gozašte	هفته گذشته
nächste Woche	hafte-ye āyande	هفته آینده
wöchentlich (Adj)	haftegi	هفتگی
wöchentlich (Adv)	har hafte	هر هفته
zweimal pro Woche	do bār dar hafte	دو بار درهفته
jeden Dienstag	har sešanbe	هر سه شنبه

20. Stunden. Tag und Nacht

Morgen (m)	sobh	صبح
morgens	sobh	صبح
Mittag (m)	zohr	ظهر
nachmittags	ba'd az zohr	بعد ازظهر
Abend (m)	asr	عصر
abends	asr	عصر

Nacht (f)	šab	شب
nachts	šab	شب
Mitternacht (f)	nesfe šab	نصفه شب
Sekunde (f)	sānie	ثانیه
Minute (f)	daqiqe	دقیقه
Stunde (f)	sāʿat	ساعت
eine halbe Stunde	nim sāʿat	نیم ساعت
Viertelstunde (f)	yek robʿ	یک ربع
fünfzehn Minuten	pānzdah daqiqe	پانزده دقیقه
Tag und Nacht	šabāne ruz	شبانه روز
Sonnenaufgang (m)	tolu-ʿe āftāb	طلوع آفتاب
Morgendämmerung (f)	sahar	سحر
früher Morgen (m)	sobh-e zud	صبح زود
Sonnenuntergang (m)	qorub	غروب
früh am Morgen	sobh-e zud	صبح زود
heute Morgen	emruz sobh	امروز صبح
morgen früh	fardā sobh	فردا صبح
heute Mittag	emruz zohr	امروز ظهر
nachmittags	baʿd az zohr	بعد از ظهر
morgen Nachmittag	fardā baʿd az zohr	فردا بعد از ظهر
heute Abend	emšab	امشب
morgen Abend	fardā šab	فردا شب
Punkt drei Uhr	sar-e sāʿat-e se	سر ساعت ۳
gegen vier Uhr	nazdik-e sāʿat-e čāhār	نزدیک ساعت ۴
um zwölf Uhr	nazdik zohr	نزدیک ظهر
in zwanzig Minuten	bist daqiqe-ye digar	۲۰ دقیقه دیگر
in einer Stunde	yek sāʿat-e digar	یک ساعت دیگر
rechtzeitig (Adv)	be moqeʿ	به موقع
Viertel vor ...	yek robʿ be	یک ربع به
innerhalb einer Stunde	yek sāʿat-e digar	یک ساعت دیگر
alle fünfzehn Minuten	har pānzdah daqiqe	هر ۵۱ دقیقه
Tag und Nacht	šabāne ruz	شبانه روز

21. Monate. Jahreszeiten

Januar (m)	žānvie	ژانویه
Februar (m)	fevriye	فوریه
März (m)	mārs	مارس
April (m)	āvril	آوریل
Mai (m)	meh	مه
Juni (m)	žuan	ژوئن
Juli (m)	žuiye	ژوئیه
August (m)	owt	اوت
September (m)	septāmbr	سپتامبر
Oktober (m)	oktobr	اکتبر

November (m)	novāmbr	نوامبر
Dezember (m)	desāmr	دسامبر
Frühling (m)	bahār	بهار
im Frühling	dar bahār	در بهار
Frühlings-	bahāri	بهاری
Sommer (m)	tābestān	تابستان
im Sommer	dar tābestān	در تابستان
Sommer-	tābestāni	تابستانی
Herbst (m)	pāyiz	پاییز
im Herbst	dar pāyiz	در پاییز
Herbst-	pāyizi	پاییزی
Winter (m)	zemestān	زمستان
im Winter	dar zemestān	در زمستان
Winter-	zemestāni	زمستانی
Monat (m)	māh	ماه
in diesem Monat	in māh	این ماه
nächsten Monat	māh-e āyande	ماه آینده
letzten Monat	māh-e gozašte	ماه گذشته
vor einem Monat	yek māh qabl	یک ماه قبل
über eine Monat	yek māh digar	یک ماه دیگر
in zwei Monaten	do māh-e digar	۲ ماه دیگر
den ganzen Monat	tamām-e māh	تمام ماه
monatlich (Adj)	māhāne	ماهانه
monatlich (Adv)	māhāne	ماهانه
jeden Monat	har māh	هر ماه
zweimal pro Monat	do bār dar māh	دو بار درماه
Jahr (n)	sāl	سال
dieses Jahr	emsāl	امسال
nächstes Jahr	sāl-e āyande	سال آینده
voriges Jahr	sāl-e gozašte	سال گذشته
vor einem Jahr	yek sāl qabl	یک سال قبل
in einem Jahr	yek sāl-e digar	یک سال دیگر
in zwei Jahren	do sāl-e digar	۲ سال دیگر
das ganze Jahr	tamām-e sāl	تمام سال
jedes Jahr	har sāl	هر سال
jährlich (Adj)	sālāne	سالانه
jährlich (Adv)	sālāne	سالانه
viermal pro Jahr	čāhār bār dar sāl	چهار بار در سال
Datum (heutige ~)	tārix	تاریخ
Datum (Geburts-)	tārix	تاریخ
Kalender (m)	taqvim	تقویم
ein halbes Jahr	nim sāl	نیم سال
Halbjahr (n)	nim sāl	نیم سال
Saison (f)	fasl	فصل
Jahrhundert (n)	qarn	قرن

22. Maßeinheiten

Gewicht (n)	vazn	وزن
Länge (f)	tul	طول
Breite (f)	arz	عرض
Höhe (f)	ertefā'	ارتفاع
Tiefe (f)	omq	عمق
Volumen (n)	hajm	حجم
Fläche (f)	masāhat	مساحت
Gramm (n)	garm	گرم
Milligramm (n)	mili geram	میلی گرم
Kilo (n)	kilugeram	کیلوگرم
Tonne (f)	ton	تن
Pfund (n)	pond	پوند
Unze (f)	ons	اونس
Meter (m)	metr	متر
Millimeter (m)	mili metr	میلی متر
Zentimeter (m)	sāntimetr	سانتیمتر
Kilometer (m)	kilumetr	کیلومتر
Meile (f)	māyel	مایل
Zoll (m)	inč	اینچ
Fuß (m)	fowt	فوت
Yard (n)	yārd	یارد
Quadratmeter (m)	metr morabba'	متر مربع
Hektar (n)	hektār	هکتار
Liter (m)	litr	لیتر
Grad (m)	daraje	درجه
Volt (n)	volt	ولت
Ampere (n)	āmper	آمپر
Pferdestärke (f)	asb-e boxār	اسب بخار
Anzahl (f)	meqdār	مقدار
etwas ...	kami	کمی
Hälfte (f)	nim	نیم
Dutzend (n)	dojin	دوجین
Stück (n)	tā	تا
Größe (f)	andāze	اندازه
Maßstab (m)	meqyās	مقیاس
minimal (Adj)	haddeaqal	حداقل
der kleinste	kučaktarin	کوچکترین
mittler, mittel-	motevasset	متوسط
maximal (Adj)	haddeaksar	حداکثر
der größte	bištarin	بیشترین

23. Behälter

Glas (Einmachglas)	šišeh konserv	شیشه کنسرو
Dose (z.B. Bierdose)	quti	قوطی

Eimer (m)	satl	سطل
Fass (n), Tonne (f)	boške	بشکه
Waschschüssel (n)	tašt	تشت
Tank (m)	maxzan	مخزن
Flachmann (m)	qomqome	قمقمه
Kanister (m)	dabbe	دبه
Zisterne (f)	maxzan	مخزن
Kaffeebecher (m)	livān	لیوان
Tasse (f)	fenjān	فنجان
Untertasse (f)	na'lbeki	نعلبکی
Wasserglas (n)	estekān	استکان
Weinglas (n)	gilās-e šarāb	گیلاس شراب
Kochtopf (m)	qāblame	قابلمه
Flasche (f)	botri	بطری
Flaschenhals (m)	gardan-e botri	گردن بطری
Karaffe (f)	tong	تنگ
Tonkrug (m)	pārč	پارچ
Gefäß (n)	zarf	ظرف
Tontopf (m)	sofāl	سفال
Vase (f)	goldān	گلدان
Flakon (n)	botri	بطری
Fläschchen (n)	viyāl	ویال
Tube (z.B. Zahnpasta)	tiyub	تیوب
Sack (~ Kartoffeln)	kise	کیسه
Tüte (z.B. Plastiktüte)	pākat	پاکت
Schachtel (f) (z.B. Zigaretten~)	baste	بسته
Karton (z.B. Schuhkarton)	ja'be	جعبه
Kiste (z.B. Bananenkiste)	sanduq	صندوق
Korb (m)	sabad	سبد

DER MENSCH

Der Mensch. Körper

24. Kopf

Kopf (m)	sar	سر
Gesicht (n)	surat	صورت
Nase (f)	bini	بینی
Mund (m)	dahān	دهان
Auge (n)	češm	چشم
Augen (pl)	češm-hā	چشم ها
Pupille (f)	mardomak	مردمک
Augenbraue (f)	abru	ابرو
Wimper (f)	može	مژه
Augenlid (n)	pelek	پلک
Zunge (f)	zabān	زبان
Zahn (m)	dandān	دندان
Lippen (pl)	lab-hā	لب ها
Backenknochen (pl)	ostexānhā-ye gune	استخوان های گونه
Zahnfleisch (n)	lase	لثه
Gaumen (m)	saqf-e dahān	سقف دهان
Nasenlöcher (pl)	surāxhā-ye bini	سوراخ های بینی
Kinn (n)	čāne	چانه
Kiefer (m)	fak	فک
Wange (f)	gune	گونه
Stirn (f)	pišāni	پیشانی
Schläfe (f)	gijgāh	گیجگاه
Ohr (n)	guš	گوش
Nacken (m)	pas gardan	پس گردن
Hals (m)	gardan	گردن
Kehle (f)	galu	گلو
Haare (pl)	mu-hā	مو ها
Frisur (f)	model-e mu	مدل مو
Haarschnitt (m)	model-e mu	مدل مو
Perücke (f)	kolāh-e gis	کلاه گیس
Schnurrbart (m)	sebil	سبیل
Bart (m)	riš	ریش
haben (einen Bart ~)	gozāštan	گذاشتن
Zopf (m)	muy-ye bāfte	موی بافته
Backenbart (m)	xatt-e riš	خط ریش
rothaarig	muqermez	موقرمز
grau	sefid-e mu	سفید مو

kahl	tās	طاس
Glatze (f)	tāsi	طاسی
Pferdeschwanz (m)	dom-e asbi	دم اسبی
Pony (Ponyfrisur)	čatri	چتری

25. Menschlicher Körper

Hand (f)	dast	دست
Arm (m)	bāzu	بازو
Finger (m)	angošt	انگشت
Zehe (f)	šast-e pā	شصت پا
Daumen (m)	šost	شست
kleiner Finger (m)	angošt-e kučak	انگشت کوچک
Nagel (m)	nāxon	ناخن
Faust (f)	mošt	مشت
Handfläche (f)	kaf-e dast	کف دست
Handgelenk (n)	moč-e dast	مچ دست
Unterarm (m)	sā'ed	ساعد
Ellbogen (m)	āranj	آرنج
Schulter (f)	ketf	کتف
Bein (n)	pā	پا
Fuß (m)	pā	پا
Knie (n)	zānu	زانو
Wade (f)	sāq	ساق
Hüfte (f)	rān	ران
Ferse (f)	pāšne-ye pā	پاشنهٔ پا
Körper (m)	badan	بدن
Bauch (m)	šekam	شکم
Brust (f)	sine	سینه
Busen (m)	sine	سینه
Seite (f), Flanke (f)	pahlu	پهلو
Rücken (m)	pošt	پشت
Kreuz (n)	kamar	کمر
Taille (f)	dur-e kamar	دور کمر
Nabel (m)	nāf	ناف
Gesäßbacken (pl)	nešiman-e gāh	نشیمن گاه
Hinterteil (n)	bāsan	باسن
Leberfleck (m)	xāl	خال
Muttermal (n)	xāl-e mādarzād	خال مادرزاد
Tätowierung (f)	xāl kubi	خال کوبی
Narbe (f)	jā-ye zaxm	جای زخم

Kleidung & Accessoires

26. Oberbekleidung. Mäntel

Kleidung (f)	lebās	لباس
Oberkleidung (f)	lebās-e ru	لباس رو
Winterkleidung (f)	lebās-e zemestāni	لباس زمستانی
Mantel (m)	pāltow	پالتو
Pelzmantel (m)	pālto-ye pustin	پالتوی پوستین
Pelzjacke (f)	kot-e pustin	کت پوستین
Daunenjacke (f)	kāpšan	کاپشن
Jacke (z.B. Lederjacke)	kot	کت
Regenmantel (m)	bārāni	بارانی
wasserdicht	zed-e āb	ضد آب

27. Men's & women's clothing

Hemd (n)	pirāhan	پیراهن
Hose (f)	šalvār	شلوار
Jeans (pl)	jin	جین
Jackett (n)	kot	کت
Anzug (m)	kat-o šalvār	کت و شلوار
Damenkleid (n)	lebās	لباس
Rock (m)	dāman	دامن
Bluse (f)	boluz	بلوز
Strickjacke (f)	jeliqe-ye kešbāf	جلیقه کشباف
Jacke (Damen Kostüm)	kot	کت
T-Shirt (n)	tey šarr-at	تی شرت
Shorts (pl)	šalvarak	شلوارک
Sportanzug (m)	lebās-e varzeši	لباس ورزشی
Bademantel (m)	howle-ye hamām	حوله حمام
Schlafanzug (m)	pižāme	پیژامه
Sweater (m)	poliver	پلیور
Pullover (m)	poliver	پلیور
Weste (f)	jeliqe	جلیقه
Frack (m)	kat-e dāman gerd	کت دامن گرد
Smoking (m)	esmoking	اسموکینگ
Uniform (f)	oniform	اونیفورم
Arbeitskleidung (f)	lebās-e kār	لباس کار
Overall (m)	rupuš	روپوش
Kittel (z.B. Arztkittel)	rupuš	روپوش

28. Kleidung. Unterwäsche

Deutsch	Transkription	Persisch
Unterwäsche (f)	lebās-e zir	لباس زیر
Herrenslip (m)	šort-e bākser	شورت باکسر
Damenslip (m)	šort-e zanāne	شورت زنانه
Unterhemd (n)	zir-e pirāhan-i	زیر پیراهنی
Socken (pl)	jurāb	جوراب
Nachthemd (n)	lebās-e xāb	لباس خواب
Büstenhalter (m)	sine-ye band	سینه بند
Kniestrümpfe (pl)	sāq	ساق
Strumpfhose (f)	jurāb-e šalvāri	جوراب شلواری
Strümpfe (pl)	jurāb-e sāqeboland	جوراب ساقه بلند
Badeanzug (m)	māyo	مایو

29. Kopfbekleidung

Deutsch	Transkription	Persisch
Mütze (f)	kolāh	کلاه
Filzhut (m)	šāpo	شاپو
Baseballkappe (f)	kolāh beysbāl	کلاه بیس بال
Schiebermütze (f)	kolāh-e taxt	کلاه تخت
Baskenmütze (f)	kolāh barre	کلاه بره
Kapuze (f)	kolāh-e bārāni	کلاه بارانی
Panamahut (m)	kolāh-e dowre-ye boland	کلاه دوره بلند
Strickmütze (f)	kolāh-e bāftani	کلاه بافتنی
Kopftuch (n)	rusari	روسری
Damenhut (m)	kolāh-e zanāne	کلاه زنانه
Schutzhelm (m)	kolāh-e imeni	کلاه ایمنی
Feldmütze (f)	kolāh-e pādegān	کلاه پادگان
Helm (z.B. Motorradhelm)	kolāh-e imeni	کلاه ایمنی
Melone (f)	kolāh-e namadi	کلاه نمدی
Zylinder (m)	kolāh-e ostovānei	کلاه استوانه ای

30. Schuhwerk

Deutsch	Transkription	Persisch
Schuhe (pl)	kafš	کفش
Stiefeletten (pl)	putin	پوتین
Halbschuhe (pl)	kafš	کفش
Stiefel (pl)	čakme	چکمه
Hausschuhe (pl)	dampāyi	دمپایی
Tennisschuhe (pl)	kafš katān-i	کفش کتانی
Leinenschuhe (pl)	kafš katān-i	کفش کتانی
Sandalen (pl)	sandal	صندل
Schuster (m)	kaffāš	کفاش
Absatz (m)	pāšne-ye kafš	پاشنهٔ کفش

Paar (n)	yek joft	یک جفت
Schnürsenkel (m)	band-e kafš	بند کفش
schnüren (vt)	band-e kafš bastan	بند کفش بستن
Schuhlöffel (m)	pāšne keš	پاشنه کش
Schuhcreme (f)	vāks	واکس

31. Persönliche Accessoires

Handschuhe (pl)	dastkeš	دستکش
Fausthandschuhe (pl)	dastkeš-e yek angošti	دستکش یک انگشتی
Schal (Kaschmir-)	šāl-e gardan	شال گردن
Brille (f)	eynak	عینک
Brillengestell (n)	qāb	قاب
Regenschirm (m)	čatr	چتر
Spazierstock (m)	asā	عصا
Haarbürste (f)	bores-e mu	برس مو
Fächer (m)	bādbezan	بادبزن
Krawatte (f)	kerāvāt	کراوات
Fliege (f)	pāpiyon	پاپیون
Hosenträger (pl)	band šalvār	بند شلوار
Taschentuch (n)	dastmāl	دستمال
Kamm (m)	šāne	شانه
Haarspange (f)	sanjāq-e mu	سنجاق مو
Haarnadel (f)	sanjāq-e mu	سنجاق مو
Schnalle (f)	sagak	سگک
Gürtel (m)	kamarband	کمربند
Umhängegurt (m)	tasme	تسمه
Tasche (f)	keyf	کیف
Handtasche (f)	keyf-e zanāne	کیف زنانه
Rucksack (m)	kule pošti	کولۀ پشتی

32. Kleidung. Verschiedenes

Mode (f)	mod	مد
modisch	mod	مد
Modedesigner (m)	tarrāh-e lebas	طراح لباس
Kragen (m)	yaqe	یقه
Tasche (f)	jib	جیب
Taschen-	jibi	جیبی
Ärmel (m)	āstin	آستین
Aufhänger (m)	band-e āviz	بند آویز
Hosenschlitz (m)	zip	زیپ
Reißverschluss (m)	zip	زیپ
Verschluss (m)	sagak	سگک
Knopf (m)	dokme	دکمه

Knopfloch (n)	suräx-e dokme	سوراخ دکمه
abgehen (Knopf usw.)	kande šodan	کنده شدن
nähen (vi, vt)	duxtan	دوختن
sticken (vt)	golduzi kardan	گلدوزی کردن
Stickerei (f)	golduzi	گلدوزی
Nadel (f)	suzan	سوزن
Faden (m)	nax	نخ
Naht (f)	darz	درز
sich beschmutzen	kasif šodan	کثیف شدن
Fleck (m)	lakke	لکه
sich knittern	čoruk šodan	چروک شدن
zerreißen (vt)	pāre kardan	پاره کردن
Motte (f)	šab parre	شب پره

33. Kosmetikartikel. Kosmetik

Zahnpasta (f)	xamir-e dandān	خمیر دندان
Zahnbürste (f)	mesvāk	مسواک
Zähne putzen	mesvāk zadan	مسواک زدن
Rasierer (m)	tiq	تیغ
Rasiercreme (f)	kerem-e riš tarāši	کرم ریش تراشی
sich rasieren	riš tarāšidan	ریش تراشیدن
Seife (f)	sābun	صابون
Shampoo (n)	šāmpu	شامپو
Schere (f)	qeyči	قیچی
Nagelfeile (f)	sohan-e nāxon	سوهان ناخن
Nagelzange (f)	nāxon gir	ناخن گیر
Pinzette (f)	mučin	موچین
Kosmetik (f)	lavāzem-e ārāyeši	لوازم آرایشی
Gesichtsmaske (f)	māsk	ماسک
Maniküre (f)	mānikur	مانیکور
Maniküre machen	mānikur kardan	مانیکور کردن
Pediküre (f)	pedikur	پدیکور
Kosmetiktasche (f)	kife lavāzem-e ārāyeši	کیف لوازم آرایشی
Puder (m)	pudr	پودر
Puderdose (f)	ja'be-ye pudr	جعبهٔ پودر
Rouge (n)	sorxāb	سرخاب
Parfüm (n)	atr	عطر
Duftwasser (n)	atr	عطر
Lotion (f)	losiyon	لوسیون
Kölnischwasser (n)	odkolon	اودکلن
Lidschatten (m)	sāye-ye češm	سایه چشم
Kajalstift (m)	medād čašm	مداد چشم
Wimperntusche (f)	rimel	ریمل
Lippenstift (m)	mātik	ماتیک

Nagellack (m)	lāk-e nāxon	لاک ناخن
Haarlack (m)	esperey-ye mu	اسپری مو
Deodorant (n)	deodyrant	دئودورانت
Creme (f)	kerem	کرم
Gesichtscreme (f)	kerem-e surat	کرم صورت
Handcreme (f)	kerem-e dast	کرم دست
Anti-Falten-Creme (f)	kerem-e zedd-e čoruk	کرم ضد چروک
Tagescreme (f)	kerem-e ruz	کرم روز
Nachtcreme (f)	kerem-e šab	کرم شب
Tages-	ruzāne	روزانه
Nacht-	šab	شب
Tampon (m)	tāmpon	تامپون
Toilettenpapier (n)	kāqaz-e tuālet	کاغذ توالت
Föhn (m)	sešovār	سشوار

34. Armbanduhren Uhren

Armbanduhr (f)	sā'at-e moči	ساعت مچی
Zifferblatt (n)	safhe-ye sā'at	صفحهٔ ساعت
Zeiger (m)	aqrabe	عقربه
Metallarmband (n)	band-e sāat	بند ساعت
Uhrenarmband (n)	band-e čarmi	بند چرمی
Batterie (f)	bātri	باطری
verbraucht sein	tamām šodan bātri	تمام شدن باتری
die Batterie wechseln	bātri avaz kardan	باطری عوض کردن
vorgehen (vi)	jelo oftādan	جلو افتادن
nachgehen (vi)	aqab māndan	عقب ماندن
Wanduhr (f)	sā'at-e divāri	ساعت دیواری
Sanduhr (f)	sā'at-e šeni	ساعت شنی
Sonnenuhr (f)	sā'at-e āftābi	ساعت آفتابی
Wecker (m)	sā'at-e zang dār	ساعت زنگ دار
Uhrmacher (m)	sā'at sāz	ساعت ساز
reparieren (vt)	ta'mir kardan	تعمیر کردن

Essen. Ernährung

35. Essen

Deutsch	Transkription	Persisch
Fleisch (n)	gušt	گوشت
Hühnerfleisch (n)	morq	مرغ
Küken (n)	juje	جوجه
Ente (f)	ordak	اردک
Gans (f)	qāz	غاز
Wild (n)	gušt-e šekār	گوشت شکار
Pute (f)	gušt-e buqalamun	گوشت بوقلمون
Schweinefleisch (n)	gušt-e xuk	گوشت خوک
Kalbfleisch (n)	gušt-e gusāle	گوشت گوساله
Hammelfleisch (n)	gušt-e gusfand	گوشت گوسفند
Rindfleisch (n)	gušt-e gāv	گوشت گاو
Kaninchenfleisch (n)	xarguš	خرگوش
Wurst (f)	kālbās	کالباس
Würstchen (n)	sosis	سوسیس
Schinkenspeck (m)	beykon	بیکن
Schinken (m)	žāmbon	ژامبون
Räucherschinken (m)	rān xuk	ران خوک
Pastete (f)	pāte	پاته
Leber (f)	jegar	جگر
Hackfleisch (n)	hamberger	همبرگر
Zunge (f)	zabān	زبان
Ei (n)	toxm-e morq	تخم مرغ
Eier (pl)	toxm-e morq-ha	تخم مرغ ها
Eiweiß (n)	sefide-ye toxm-e morq	سفیده تخم مرغ
Eigelb (n)	zarde-ye toxm-e morq	زرده تخم مرغ
Fisch (m)	māhi	ماهی
Meeresfrüchte (pl)	qazā-ye daryāyi	غذای دریایی
Krebstiere (pl)	saxtpustān	سختپوستان
Kaviar (m)	xāviār	خاویار
Krabbe (f)	xarčang	خرچنگ
Garnele (f)	meygu	میگو
Auster (f)	sadaf-e xorāki	صدف خوراکی
Languste (f)	xarčang-e xārdār	خرچنگ خاردار
Krake (m)	hašt pā	هشت پا
Kalmar (m)	māhi-ye morakkab	ماهی مرکب
Störfleisch (n)	māhi-ye xāviār	ماهی خاویار
Lachs (m)	māhi-ye salemon	ماهی سالمون
Heilbutt (m)	halibut	هالیبوت
Dorsch (m)	māhi-ye rowqan	ماهی روغن

Makrele (f)	māhi-ye esqumeri	ماهی اسقومری
Tunfisch (m)	tan māhi	تن ماهی
Aal (m)	mārmāhi	مارماهی
Forelle (f)	māhi-ye qezelālā	ماهی قزل آلا
Sardine (f)	sārdin	ساردین
Hecht (m)	ordak māhi	اردک ماهی
Hering (m)	māhi-ye šur	ماهی شور
Brot (n)	nān	نان
Käse (m)	panir	پنیر
Zucker (m)	qand	قند
Salz (n)	namak	نمک
Reis (m)	berenj	برنج
Teigwaren (pl)	mākāroni	ماکارونی
Nudeln (pl)	rešte-ye farangi	رشته فرنگی
Butter (f)	kare	کره
Pflanzenöl (n)	rowqan-e nabāti	روغن نباتی
Sonnenblumenöl (n)	rowqan āftābgardān	روغن آفتاب گردان
Margarine (f)	mārgārin	مارگارین
Oliven (pl)	zeytun	زیتون
Olivenöl (n)	rowqan-e zeytun	روغن زیتون
Milch (f)	šir	شیر
Kondensmilch (f)	šir-e čegāl	شیر چگال
Joghurt (m)	mās-at	ماست
saure Sahne (f)	xāme-ye torš	خامۀ ترش
Sahne (f)	saršir	سرشیر
Mayonnaise (f)	māyonez	مایونز
Buttercreme (f)	xāme	خامه
Grütze (f)	hobubāt	حبوبات
Mehl (n)	ārd	آرد
Konserven (pl)	konserv-hā	کنسرو ها
Maisflocken (pl)	bereštuk	برشتوک
Honig (m)	asal	عسل
Marmelade (f)	morabbā	مربا
Kaugummi (m, n)	ādāms	آدامس

36. Getränke

Wasser (n)	āb	آب
Trinkwasser (n)	āb-e āšāmidani	آب آشامیدنی
Mineralwasser (n)	āb-e ma'dani	آب معدنی
still	bedun-e gāz	بدون گاز
mit Kohlensäure	gāzdār	گازدار
mit Gas	gāzdār	گازدار
Eis (n)	yax	یخ

mit Eis	yax dār	یخ دار
alkoholfrei (Adj)	bi alkol	بی الکل
alkoholfreies Getränk (n)	nušābe-ye bi alkol	نوشابهٔ بی الکل
Erfrischungsgetränk (n)	nušābe-ye xonak	نوشابهٔ خنک
Limonade (f)	limunād	لیموناد
Spirituosen (pl)	mašrubāt-e alkoli	مشروبات الکلی
Wein (m)	šarāb	شراب
Weißwein (m)	šarāb-e sefid	شراب سفید
Rotwein (m)	šarāb-e sorx	شراب سرخ
Likör (m)	likor	لیکور
Champagner (m)	šāmpāyn	شامپاین
Wermut (m)	vermut	ورموت
Whisky (m)	viski	ویسکی
Wodka (m)	vodkā	ودکا
Gin (m)	jin	جین
Kognak (m)	konyāk	کنیاک
Rum (m)	araq-e neyšekar	عرق نیشکر
Kaffee (m)	qahve	قهوه
schwarzer Kaffee (m)	qahve-ye talx	قهوهٔ تلخ
Milchkaffee (m)	šir-qahve	شیرقهوه
Cappuccino (m)	kāpočino	کاپوچینو
Pulverkaffee (m)	qahve-ye fowri	قهوه فوری
Milch (f)	šir	شیر
Cocktail (m)	kuktel	کوکتل
Milchcocktail (m)	kuktele šir	کوکتل شیر
Saft (m)	āb-e mive	آب میوه
Tomatensaft (m)	āb-e gowjefarangi	آب گوجه فرنگی
Orangensaft (m)	āb-e porteqāl	آب پرتقال
frisch gepresster Saft (m)	āb-e mive-ye taze	آب میوهٔ تازه
Bier (n)	ābejow	آبجو
Helles (n)	ābejow-ye sabok	آبجوی سبک
Dunkelbier (n)	ābejow-ye tire	آبجوی تیره
Tee (m)	čāy	چای
schwarzer Tee (m)	čāy-e siyāh	چای سیاه
grüner Tee (m)	čāy-e sabz	چای سبز

37. Gemüse

Gemüse (n)	sabzijāt	سبزیجات
grünes Gemüse (pl)	sabzi	سبزی
Tomate (f)	gowje farangi	گوجه فرنگی
Gurke (f)	xiyār	خیار
Karotte (f)	havij	هویج
Kartoffel (f)	sib zamini	سیب زمینی
Zwiebel (f)	piyāz	پیاز

Knoblauch (m)	sir	سیر
Kohl (m)	kalam	کلم
Blumenkohl (m)	gol kalam	گل کلم
Rosenkohl (m)	koll-am boruksel	کلم بروکسل
Brokkoli (m)	kalam borokli	کلم بروکلی
Rote Bete (f)	čoqondar	چغندر
Aubergine (f)	bādenjān	بادنجان
Zucchini (f)	kadu sabz	کدو سبز
Kürbis (m)	kadu tanbal	کدو تنبل
Rübe (f)	šalqam	شلغم
Petersilie (f)	ja'fari	جعفری
Dill (m)	šavid	شوید
Kopf Salat (m)	kāhu	کاهو
Sellerie (m)	karafs	کرفس
Spargel (m)	mārčube	مارچوبه
Spinat (m)	esfenāj	اسفناج
Erbse (f)	noxod	نخود
Bohnen (pl)	lubiyā	لوبیا
Mais (m)	zorrat	ذرت
weiße Bohne (f)	lubiyā qermez	لوبیا قرمز
Paprika (m)	felfel	فلفل
Radieschen (n)	torobče	تربچه
Artischocke (f)	kangar farangi	کنگرفرنگی

38. Obst. Nüsse

Frucht (f)	mive	میوه
Apfel (m)	sib	سیب
Birne (f)	golābi	گلابی
Zitrone (f)	limu	لیمو
Apfelsine (f)	porteqāl	پرتقال
Erdbeere (f)	tut-e farangi	توت فرنگی
Mandarine (f)	nārengi	نارنگی
Pflaume (f)	ālu	آلو
Pfirsich (m)	holu	هلو
Aprikose (f)	zardālu	زردآلو
Himbeere (f)	tamešk	تمشک
Ananas (f)	ānānās	آناناس
Banane (f)	mowz	موز
Wassermelone (f)	hendevāne	هندوانه
Weintrauben (pl)	angur	انگور
Sauerkirsche (f)	ālbālu	آلبالو
Süßkirsche (f)	gilās	گیلاس
Melone (f)	xarboze	خربزه
Grapefruit (f)	gerip forut	گریپ فوروت
Avocado (f)	āvokādo	اووکادو
Papaya (f)	pāpāyā	پاپایا

Mango (f)	anbe	انبه
Granatapfel (m)	anār	انار
rote Johannisbeere (f)	angur-e farangi-ye sorx	انگور فرنگی سرخ
schwarze Johannisbeere (f)	angur-e farangi-ye siyāh	انگور فرنگی سیاه
Stachelbeere (f)	angur-e farangi	انگور فرنگی
Heidelbeere (f)	zoqāl axte	زغال اخته
Brombeere (f)	šāh tut	شاه توت
Rosinen (pl)	kešmeš	کشمش
Feige (f)	anjir	انجیر
Dattel (f)	xormā	خرما
Erdnuss (f)	bādām zamin-i	بادام زمینی
Mandel (f)	bādām	بادام
Walnuss (f)	gerdu	گردو
Haselnuss (f)	fandoq	فندق
Kokosnuss (f)	nārgil	نارگیل
Pistazien (pl)	peste	پسته

39. Brot. Süßigkeiten

Konditorwaren (pl)	širini jāt	شیرینی جات
Brot (n)	nān	نان
Keks (m, n)	biskuit	بیسکویت
Schokolade (f)	šokolāt	شکلات
Schokoladen-	šokolāti	شکلاتی
Bonbon (m, n)	āb nabāt	آب نبات
Kuchen (m)	nān-e širini	نان شیرینی
Torte (f)	širini	شیرینی
Kuchen (Apfel-)	keyk	کیک
Füllung (f)	čāšni	چاشنی
Konfitüre (f)	morabbā	مربا
Marmelade (f)	mārmālād	مارمالاد
Waffeln (pl)	vāfel	وافل
Eis (n)	bastani	بستنی
Pudding (m)	puding	پودینگ

40. Gerichte

Gericht (n)	qazā	غذا
Küche (f)	qazā	غذا
Rezept (n)	dastur-e poxt	دستور پخت
Portion (f)	pors	پرس
Salat (m)	sālād	سالاد
Suppe (f)	sup	سوپ
Brühe (f), Bouillon (f)	pāye-ye sup	پایه سوپ
belegtes Brot (n)	sāndevič	ساندویچ

Spiegelei (n)	nimru	نیمرو
Hamburger (m)	hamberger	همبرگر
Beefsteak (n)	esteyk	استیک
Beilage (f)	moxallafāt	مخلفات
Spaghetti (pl)	espāgeti	اسپاگتی
Kartoffelpüree (n)	pure-ye sibi zamini	پورۀ سیب زمینی
Pizza (f)	pitzā	پیتزا
Brei (m)	šurbā	شوربا
Omelett (n)	ommol-at	املت
gekocht	āb paz	آب پز
geräuchert	dudi	دودی
gebraten	sorx šode	سرخ شده
getrocknet	xošk	خشک
tiefgekühlt	yax zade	یخ زده
mariniert	torši	ترشی
süß	širin	شیرین
salzig	šur	شور
kalt	sard	سرد
heiß	dāq	داغ
bitter	talx	تلخ
lecker	xoš mazze	خوش مزه
kochen (vt)	poxtan	پختن
zubereiten (vt)	poxtan	پختن
braten (vt)	sorx kardan	سرخ کردن
aufwärmen (vt)	garm kardan	گرم کردن
salzen (vt)	namak zadan	نمک زدن
pfeffern (vt)	felfel pāšidan	فلفل پاشیدن
reiben (vt)	rande kardan	رنده کردن
Schale (f)	pust	پوست
schälen (vt)	pust kandan	پوست کندن

41. Gewürze

Salz (n)	namak	نمک
salzig (Adj)	šur	شور
salzen (vt)	namak zadan	نمک زدن
schwarzer Pfeffer (m)	felfel-e siyāh	فلفل سیاه
roter Pfeffer (m)	felfel-e sorx	فلفل سرخ
Senf (m)	xardal	خردل
Meerrettich (m)	torob-e kuhi	ترب کوهی
Gewürz (n)	adviye	ادویه
Gewürz (n)	adviye	ادویه
Soße (f)	ses	سس
Essig (m)	serke	سرکه
Anis (m)	rāziyāne	رازیانه
Basilikum (n)	reyhān	ریحان

Nelke (f)	mixak	میخک
Ingwer (m)	zanjefil	زنجفیل
Koriander (m)	gešniz	گشنیز
Zimt (m)	dārčin	دارچین
Sesam (m)	konjed	کنجد
Lorbeerblatt (n)	barg-e bu	برگ بو
Paprika (f)	paprika	پاپریکا
Kümmel (m)	zire	زیره
Safran (m)	za'ferān	زعفران

42. Mahlzeiten

Essen (n)	qazā	غذا
essen (vi, vt)	xordan	خوردن
Frühstück (n)	sobhāne	صبحانه
frühstücken (vi)	sobhāne xordan	صبحانه خوردن
Mittagessen (n)	nāhār	ناهار
zu Mittag essen	nāhār xordan	ناهار خوردن
Abendessen (n)	šām	شام
zu Abend essen	šām xordan	شام خوردن
Appetit (m)	eštehā	اشتها
Guten Appetit!	nuš-e jān	نوش جان
öffnen (vt)	bāz kardan	باز کردن
verschütten (vt)	rixtan	ریختن
verschüttet werden	rixtan	ریختن
kochen (vi)	jušidan	جوشیدن
kochen (Wasser ~)	jušāndan	جوشاندن
gekocht (Adj)	jušide	جوشیده
kühlen (vt)	sard kardan	سرد کردن
abkühlen (vi)	sard šodan	سرد شدن
Geschmack (m)	maze	مزه
Beigeschmack (m)	maze	مزه
auf Diät sein	lāqar kardan	لاغر کردن
Diät (f)	režim	رژیم
Vitamin (n)	vitāmin	ویتامین
Kalorie (f)	kālori	کالری
Vegetarier (m)	giyāh xār	گیاه خوار
vegetarisch (Adj)	giyāh xāri	گیاه خواری
Fett (n)	čarbi-hā	چربی ها
Protein (n)	porotein	پروتئین
Kohlenhydrat (n)	karbohidrāt-hā	کربو هیدرات ها
Scheibchen (n)	qet'e	قطعه
Stück (ein ~ Kuchen)	tekke	تکه
Krümel (m)	zarre	ذره

43. Gedeck

Deutsch	Transkription	Persisch
Löffel (m)	qāšoq	قاشق
Messer (n)	kārd	کارد
Gabel (f)	čangāl	چنگال
Tasse (eine ~ Tee)	fenjān	فنجان
Teller (m)	bošqāb	بشقاب
Untertasse (f)	na'lbeki	نعلبکی
Serviette (f)	dastmāl	دستمال
Zahnstocher (m)	xelāl-e dandān	خلال دندان

44. Restaurant

Deutsch	Transkription	Persisch
Restaurant (n)	resturān	رستوران
Kaffeehaus (n)	kāfe	کافه
Bar (f)	bār	بار
Teesalon (m)	qahve xāne	قهوه خانه
Kellner (m)	pišxedmat	پیشخدمت
Kellnerin (f)	pišxedmat	پیشخدمت
Barmixer (m)	motesaddi-ye bār	متصدی بار
Speisekarte (f)	meno	منو
Weinkarte (f)	kārt-e šarāb	کارت شراب
einen Tisch reservieren	miz rezerv kardan	میز رزرو کردن
Gericht (n)	qazā	غذا
bestellen (vt)	sefāreš dādan	سفارش دادن
eine Bestellung aufgeben	sefāreš dādan	سفارش دادن
Aperitif (m)	mašrub-e piš qazā	مشروب پیش غذا
Vorspeise (f)	piš qazā	پیش غذا
Nachtisch (m)	deser	دسر
Rechnung (f)	surat hesāb	صورت حساب
Rechnung bezahlen	surat-e hesāb rā pardāxtan	صورت حساب را پرداختن
das Wechselgeld geben	baqiye rā dādan	بقیه را دادن
Trinkgeld (n)	an'ām	انعام

Familie, Verwandte und Freunde

45. Persönliche Informationen. Formulare

Vorname (m)	esm	اسم
Name (m)	nām-e xānevādegi	نام خانوادگی
Geburtsdatum (n)	tārix-e tavallod	تاریخ تولد
Geburtsort (m)	mahall-e tavallod	محل تولد
Nationalität (f)	melliyat	ملیت
Wohnort (m)	mahall-e sokunat	محل سکونت
Land (n)	kešvar	کشور
Beruf (m)	šoql	شغل
Geschlecht (n)	jens	جنس
Größe (f)	qad	قد
Gewicht (n)	vazn	وزن

46. Familienmitglieder. Verwandte

Mutter (f)	mādar	مادر
Vater (m)	pedar	پدر
Sohn (m)	pesar	پسر
Tochter (f)	doxtar	دختر
jüngste Tochter (f)	doxtar-e kučak	دختر کوچک
jüngste Sohn (m)	pesar-e kučak	پسر کوچک
ältere Tochter (f)	doxtar-e bozorg	دختر بزرگ
älterer Sohn (m)	pesar-e bozorg	پسر بزرگ
Bruder (m)	barādar	برادر
älterer Bruder (m)	barādar-e bozorg	برادر بزرگ
jüngerer Bruder (m)	barādar-e kučak	برادر کوچک
Schwester (f)	xāhar	خواهر
ältere Schwester (f)	xāhar-e bozorg	خواهر بزرگ
jüngere Schwester (f)	xāhar-e kučak	خواهر کوچک
Cousin (m)	pesar 'amu	پسر عمو
Cousine (f)	doxtar amu	دختر عمو
Mama (f)	māmān	مامان
Papa (m)	bābā	بابا
Eltern (pl)	vāledeyn	والدین
Kind (n)	kudak	کودک
Kinder (pl)	bače-hā	بچه ها
Großmutter (f)	mādarbozorg	مادربزرگ
Großvater (m)	pedar-bozorg	پدربزرگ

Enkel (m)	nave	نوه
Enkelin (f)	nave	نوه
Enkelkinder (pl)	nave-hā	نوه ها

Onkel (m)	amu	عمو
Tante (f)	xāle yā amme	خاله یا عمه
Neffe (m)	barādar-zāde	برادرزاده
Nichte (f)	xāhar-zāde	خواهرزاده

Schwiegermutter (f)	mādarzan	مادرزن
Schwiegervater (m)	pedar-šowhar	پدرشوهر
Schwiegersohn (m)	dāmād	داماد
Stiefmutter (f)	nāmādari	نامادری
Stiefvater (m)	nāpedari	ناپدری

Säugling (m)	nowzād	نوزاد
Kleinkind (n)	širxār	شیرخوار
Kleine (m)	pesar-e kučulu	پسر کوچولو

Frau (f)	zan	زن
Mann (m)	šowhar	شوهر
Ehemann (m)	hamsar	همسر
Gemahlin (f)	hamsar	همسر

verheiratet (Ehemann)	mote'ahhel	متاهل
verheiratet (Ehefrau)	mote'ahhel	متاهل
ledig	mojarrad	مجرد
Junggeselle (m)	mojarrad	مجرد
geschieden (Adj)	talāq gerefte	طلاق گرفته
Witwe (f)	bive zan	بیوه زن
Witwer (m)	bive	بیوه

Verwandte (m)	xišāvand	خویشاوند
naher Verwandter (m)	aqvām-e nazdik	اقوام نزدیک
entfernter Verwandter (m)	aqvām-e dur	اقوام دور
Verwandte (pl)	aqvām	اقوام

Waise (m, f)	yatim	یتیم
Vormund (m)	qayyem	قیم
adoptieren (einen Jungen)	be pesari gereftan	به پسری گرفتن
adoptieren (ein Mädchen)	be doxtari gereftan	به دختری گرفتن

Medizin

47. Krankheiten

Krankheit (f)	bimāri	بیماری
krank sein	bimār budan	بیمار بودن
Gesundheit (f)	salāmati	سلامتی
Schnupfen (m)	āb-e rizeš-e bini	آب ریزش بینی
Angina (f)	varam-e lowze	ورم لوزه
Erkältung (f)	sarmā xordegi	سرما خوردگی
sich erkälten	sarmā xordan	سرما خوردن
Bronchitis (f)	boronšit	برنشیت
Lungenentzündung (f)	zātorrie	ذات الریه
Grippe (f)	ānfolānzā	آنفولانزا
kurzsichtig	nazdik bin	نزدیک بین
weitsichtig	durbin	دوربین
Schielen (n)	enherāf-e čašm	انحراف چشم
schielend (Adj)	luč	لوچ
grauer Star (m)	āb morvārid	آب مروارید
Glaukom (n)	ab-e siyāh	آب سیاه
Schlaganfall (m)	sekte-ye maqzi	سکته مغزی
Infarkt (m)	sekte-ye qalbi	سکته قلبی
Herzinfarkt (m)	ānfārktus	آنفارکتوس
Lähmung (f)	falaji	فلجی
lähmen (vt)	falj kardan	فلج کردن
Allergie (f)	ālerži	آلرژی
Asthma (n)	āsm	آسم
Diabetes (m)	diyābet	دیابت
Zahnschmerz (m)	dandān-e dard	دندان درد
Karies (f)	pusidegi	پوسیدگی
Durchfall (m)	eshāl	اسهال
Verstopfung (f)	yobusat	یبوست
Magenverstimmung (f)	nārāhati-ye me'de	ناراحتی معده
Vergiftung (f)	masmumiyat	مسمومیت
Vergiftung bekommen	masmum šodan	مسموم شدن
Arthritis (f)	varam-e mafāsel	ورم مفاصل
Rachitis (f)	rāšitism	راشیتیسم
Rheumatismus (m)	romātism	روماتیسم
Atherosklerose (f)	tasallob-e šarāin	تصلب شرائین
Gastritis (f)	varam-e me'de	ورم معده
Blinddarmentzündung (f)	āpāndisit	آپاندیسیت

Cholezystitis (f)	eltehāb-e kise-ye safrā	التهاب کیسه صفرا
Geschwür (n)	zaxm	زخم
Masern (pl)	sorxak	سرخک
Röteln (pl)	sorxje	سرخجه
Gelbsucht (f)	yaraqān	یرقان
Hepatitis (f)	hepātit	هپاتیت
Schizophrenie (f)	šizoferni	شیزوفرنی
Tollwut (f)	hāri	هاری
Neurose (f)	extelāl-e a'sāb	اختلال اعصاب
Gehirnerschütterung (f)	zarbe-ye maqzi	ضربه مغزی
Krebs (m)	saratān	سرطان
Sklerose (f)	eskeleroz	اسکلروز
multiple Sklerose (f)	eskeleroz čandgāne	اسکلروز چندگانه
Alkoholismus (m)	alkolism	الکلیسم
Alkoholiker (m)	alkoli	الکلی
Syphilis (f)	siflis	سیفلیس
AIDS	eydz	ایدز
Tumor (m)	tumor	تومور
bösartig	bad xim	بد خیم
gutartig	xoš xim	خوش خیم
Fieber (n)	tab	تب
Malaria (f)	mālāriyā	مالاریا
Gangrän (f, n)	qānqāriyā	قانقاریا
Seekrankheit (f)	daryā-zadegi	دریازدگی
Epilepsie (f)	sar'	صرع
Epidemie (f)	epidemi	اپیدمی
Typhus (m)	hasbe	حصبه
Tuberkulose (f)	sel	سل
Cholera (f)	vabā	وبا
Pest (f)	tā'un	طاعون

48. Symptome. Behandlungen. Teil 1

Symptom (n)	alāem-e bimāri	علائم بیماری
Temperatur (f)	damā	دما
Fieber (n)	tab	تب
Puls (m)	nabz	نبض
Schwindel (m)	sargije	سرگیجه
heiß (Stirne usw.)	dāq	داغ
Schüttelfrost (m)	ra'še	رعشه
blass (z.B. -es Gesicht)	rang paride	رنگ پریده
Husten (m)	sorfe	سرفه
husten (vi)	sorfe kardan	سرفه کردن
niesen (vi)	atse kardan	عطسه کردن
Ohnmacht (f)	qaš	غش

ohnmächtig werden	qaš kardan	غش کردن
blauer Fleck (m)	kabudi	کبودی
Beule (f)	barāmadegi	برآمدگی
sich stoßen	barxord kardan	برخورد کردن
Prellung (f)	kuftegi	کوفتگی
sich stoßen	zarb didan	ضرب دیدن
hinken (vi)	langidan	لنگیدن
Verrenkung (f)	dar raftegi	دررفتگی
ausrenken (vt)	dar raftan	دررفتن
Fraktur (f)	šekastegi	شکستگی
brechen (Arm usw.)	dočār-e šekastegi šodan	دچار شکستگی شدن
Schnittwunde (f)	boridegi	بریدگی
sich schneiden	boridan	بریدن
Blutung (f)	xunrizi	خونریزی
Verbrennung (f)	suxtegi	سوختگی
sich verbrennen	dočār-e suxtegi šodan	دچار سوختگی شدن
stechen (vt)	surāx kardan	سوراخ کردن
sich stechen	surāx kardan	سوراخ کردن
verletzen (vt)	āsib resāndan	آسیب رساندن
Verletzung (f)	zaxm	زخم
Wunde (f)	zaxm	زخم
Trauma (n)	zarbe	ضربه
irrereden (vi)	hazyān goftan	هذیان گفتن
stottern (vi)	loknat dāštan	لکنت داشتن
Sonnenstich (m)	āftāb-zadegi	آفتابزدگی

49. Symptome. Behandlungen. Teil 2

Schmerz (m)	dard	درد
Splitter (m)	xār	خار
Schweiß (m)	araq	عرق
schwitzen (vi)	araq kardan	عرق کردن
Erbrechen (n)	estefrāq	استفراغ
Krämpfe (pl)	tašannoj	تشنج
schwanger	bārdār	باردار
geboren sein	motevalled šodan	متولد شدن
Geburt (f)	vaz'-e haml	وضع حمل
gebären (vt)	be donyā āvardan	به دنیا آوردن
Abtreibung (f)	seqt-e janin	سقط جنین
Atem (m)	tanaffos	تنفس
Atemzug (m)	estenšāq	استنشاق
Ausatmung (f)	bāzdam	بازدم
ausatmen (vt)	bāzdamidan	بازدمیدن
einatmen (vt)	nafas kešidan	نفس کشیدن
Invalide (m)	ma'lul	معلول
Krüppel (m)	falaj	فلج

Deutsch	Transkription	Persisch
Drogenabhängiger (m)	moʻtād	معتاد
taub	kar	کر
stumm	lāl	لال
taubstumm	kar-o lāl	کر و لال
verrückt (Adj)	divāne	دیوانه
Irre (m)	divāne	دیوانه
Irre (f)	divāne	دیوانه
den Verstand verlieren	divāne šodan	دیوانه شدن
Gen (n)	žen	ژن
Immunität (f)	masuniyat	مصونیت
erblich	mowrusi	موروثی
angeboren	mādarzād	مادرزاد
Virus (m, n)	virus	ویروس
Mikrobe (f)	mikrob	میکروب
Bakterie (f)	bākteri	باکتری
Infektion (f)	ofunat	عفونت

50. Symptome. Behandlungen. Teil 3

Deutsch	Transkription	Persisch
Krankenhaus (n)	bimārestān	بیمارستان
Patient (m)	bimār	بیمار
Diagnose (f)	tašxis	تشخیص
Heilung (f)	moʻāleje	معالجه
Behandlung (f)	darmān	درمان
Behandlung bekommen	darmān šodan	درمان شدن
behandeln (vt)	moʻāleje kardan	معالجه کردن
pflegen (Kranke)	parastāri kardan	پرستاری کردن
Pflege (f)	parastāri	پرستاری
Operation (f)	amal-e jarrāhi	عمل جراحی
verbinden (vt)	pānsemān kardan	پانسمان کردن
Verband (m)	pānsemān	پانسمان
Impfung (f)	vāksināsyon	واکسیناسیون
impfen (vt)	vāksine kardan	واکسینه کردن
Spritze (f)	tazriq	تزریق
eine Spritze geben	tazriq kardan	تزریق کردن
Anfall (m)	hamle	حمله
Amputation (f)	qatʻ-e ozv	قطع عضو
amputieren (vt)	qatʻ kardan	قطع کردن
Koma (n)	komā	کما
im Koma liegen	dar komā budan	در کما بودن
Reanimation (f)	morāqebat-e viže	مراقبت ویژه
genesen von … (vi)	behbud yāftan	بهبود یافتن
Zustand (m)	hālat	حالت
Bewusstsein (n)	huš	هوش
Gedächtnis (n)	hāfeze	حافظه
ziehen (einen Zahn ~)	dandān kešidan	دندان کشیدن

Plombe (f)	por kardan	پر کردن
plombieren (vt)	por kardan	پر کردن
Hypnose (f)	hipnotizm	هیپنوتیزم
hypnotisieren (vt)	hipnotizm kardan	هیپنوتیزم کردن

51. Ärzte

Arzt (m)	pezešk	پزشک
Krankenschwester (f)	parastār	پرستار
Privatarzt (m)	pezešk-e šaxsi	پزشک شخصی
Zahnarzt (m)	dandān pezešk	دندان پزشک
Augenarzt (m)	češm-pezešk	چشم پزشک
Internist (m)	pezešk omumi	پزشک عمومی
Chirurg (m)	jarrāh	جراح
Psychiater (m)	ravānpezešk	روانپزشک
Kinderarzt (m)	pezešk-e kudakān	پزشک کودکان
Psychologe (m)	ravānšenās	روانشناس
Frauenarzt (m)	motexasses-e zanān	متخصص زنان
Kardiologe (m)	motexasses-e qalb	متخصص قلب

52. Medizin. Medikamente. Accessoires

Arznei (f)	dāru	دارو
Heilmittel (n)	darmān	درمان
verschreiben (vt)	tajviz kardan	تجویز کردن
Rezept (n)	nosxe	نسخه
Tablette (f)	qors	قرص
Salbe (f)	pomād	پماد
Ampulle (f)	āmpul	آمپول
Mixtur (f)	šarbat	شربت
Sirup (m)	šarbat	شربت
Pille (f)	kapsul	کپسول
Pulver (n)	pudr	پودر
Verband (m)	bānd	باند
Watte (f)	panbe	پنبه
Jod (n)	yod	ید
Pflaster (n)	časb-e zaxm	چسب زخم
Pipette (f)	qatre čekān	قطره چکان
Thermometer (n)	damāsanj	دماسنج
Spritze (f)	sorang	سرنگ
Rollstuhl (m)	vilčer	ویلچر
Krücken (pl)	čub zir baqal	چوب زیر بغل
Betäubungsmittel (n)	mosaken	مسکن
Abführmittel (n)	moshel	مسهل

Spiritus (m)	alkol	الکل
Heilkraut (n)	giyāhān-e dāruyi	گیاهان دارویی
Kräuter- (z.B. Kräutertee)	giyāhi	گیاهی

LEBENSRAUM DES MENSCHEN

Stadt

53. Stadt. Leben in der Stadt

Deutsch	Transkription	Persisch
Stadt (f)	šahr	شهر
Hauptstadt (f)	pāytaxt	پایتخت
Dorf (n)	rustā	روستا
Stadtplan (m)	naqše-ye šahr	نقشهٔ شهر
Stadtzentrum (n)	markaz-e šahr	مرکز شهر
Vorort (m)	hume-ye šahr	حومهٔ شهر
Vorort-	hume-ye šahr	حومهٔ شهر
Stadtrand (m)	hume	حومه
Umgebung (f)	hume	حومه
Stadtviertel (n)	mahalle	محله
Wohnblock (m)	mahalle-ye maskuni	محلهٔ مسکونی
Straßenverkehr (m)	obur-o morur	عبور و مرور
Ampel (f)	čerāq-e rāhnamā	چراغ راهنما
Stadtverkehr (m)	haml-o naql-e šahri	حمل و نقل شهری
Straßenkreuzung (f)	čahārrāh	چهارراه
Übergang (m)	xatt-e āber-e piyāde	خط عابرپیاده
Fußgängerunterführung (f)	zir-e gozar	زیر گذر
überqueren (vt)	obur kardan	عبور کردن
Fußgänger (m)	piyāde	پیاده
Gehweg (m)	piyāde row	پیاده رو
Brücke (f)	pol	پل
Kai (m)	xiyābān-e sāheli	خیابان ساحلی
Springbrunnen (m)	češme	چشمه
Allee (f)	bāq rāh	باغ راه
Park (m)	pārk	پارک
Boulevard (m)	bolvār	بولوار
Platz (m)	meydān	میدان
Avenue (f)	xiyābān	خیابان
Straße (f)	xiyābān	خیابان
Gasse (f)	kuče	کوچه
Sackgasse (f)	bon bast	بن بست
Haus (n)	xāne	خانه
Gebäude (n)	sāxtemān	ساختمان
Wolkenkratzer (m)	āsemānxarāš	آسمانخراش
Fassade (f)	namā	نما
Dach (n)	bām	بام

Fenster (n)	panjere	پنجره
Bogen (m)	tāq-e qowsi	طاق قوسی
Säule (f)	sotun	ستون
Ecke (f)	nabš	نبش
Schaufenster (n)	vitrin	ویترین
Firmenschild (n)	tāblo	تابلو
Anschlag (m)	poster	پوستر
Werbeposter (m)	poster-e tabliqāti	پوستر تبلیغاتی
Werbeschild (n)	bilbord	بیلبورد
Müll (m)	āšqāl	آشغال
Mülleimer (m)	satl-e āšqāl	سطل آشغال
Abfall wegwerfen	kasif kardan	کثیف کردن
Mülldeponie (f)	jā-ye dafn-e āšqāl	جای دفن آشغال
Telefonzelle (f)	kābin-e telefon	کابین تلفن
Straßenlaterne (f)	tir-e barq	تیر برق
Bank (Park-)	nimkat	نیمکت
Polizist (m)	polis	پلیس
Polizei (f)	polis	پلیس
Bettler (m)	gedā	گدا
Obdachlose (m)	bi xānomān	بی خانمان

54. Innerstädtische Einrichtungen

Laden (m)	maqāze	مغازه
Apotheke (f)	dāruxāne	داروخانه
Optik (f)	eynak foruši	عینک فروشی
Einkaufszentrum (n)	markaz-e tejāri	مرکز تجاری
Supermarkt (m)	supermārket	سوپرمارکت
Bäckerei (f)	nānvāyi	نانوایی
Bäcker (m)	nānvā	نانوا
Konditorei (f)	qannādi	قنادی
Lebensmittelladen (m)	baqqāli	بقالی
Metzgerei (f)	gušt foruši	گوشت فروشی
Gemüseladen (m)	sabzi foruši	سبزی فروشی
Markt (m)	bāzār	بازار
Kaffeehaus (n)	kāfe	کافه
Restaurant (n)	resturān	رستوران
Bierstube (f)	bār	بار
Pizzeria (f)	pitzā-foruši	پیتزا فروشی
Friseursalon (m)	ārāyešgāh	آرایشگاه
Post (f)	post	پست
chemische Reinigung (f)	xošk-šuyi	خشکشویی
Fotostudio (n)	ātolye-ye akkāsi	آتلیۀ عکاسی
Schuhgeschäft (n)	kafš foruši	کفش فروشی
Buchhandlung (f)	ketāb-foruši	کتاب فروشی

Sportgeschäft (n)	maqāze-ye varzeši	مغازهٔ ورزشی
Kleiderreparatur (f)	ta'mir-e lebās	تعمیر لباس
Bekleidungsverleih (m)	kerāye-ye lebās	کرایهٔ لباس
Videothek (f)	kerāye-ye film	کرایهٔ فیلم
Zirkus (m)	sirak	سیرک
Zoo (m)	bāq-e vahš	باغ وحش
Kino (n)	sinamā	سینما
Museum (n)	muze	موزه
Bibliothek (f)	ketābxāne	کتابخانه
Theater (n)	teātr	تئاتر
Opernhaus (n)	operā	اپرا
Nachtklub (m)	kābāre	کاباره
Kasino (n)	kāzino	کازینو
Moschee (f)	masjed	مسجد
Synagoge (f)	kenešt	کنشت
Kathedrale (f)	kelisā-ye jāme'	کلیسای جامع
Tempel (m)	ma'bad	معبد
Kirche (f)	kelisā	کلیسا
Institut (n)	anistito	انستیتو
Universität (f)	dānešgāh	دانشگاه
Schule (f)	madrese	مدرسه
Präfektur (f)	ostāndāri	استانداری
Rathaus (n)	šahrdāri	شهرداری
Hotel (n)	hotel	هتل
Bank (f)	bānk	بانک
Botschaft (f)	sefārat	سفارت
Reisebüro (n)	āžāns-e jahāngardi	آژانس جهانگردی
Informationsbüro (n)	daftar-e ettelāāt	دفتر اطلاعات
Wechselstube (f)	sarrāfi	صرافی
U-Bahn (f)	metro	مترو
Krankenhaus (n)	bimārestān	بیمارستان
Tankstelle (f)	pomp-e benzin	پمپ بنزین
Parkplatz (m)	pārking	پارکینگ

55. Schilder

Firmenschild (n)	tāblo	تابلو
Aufschrift (f)	nevešte	نوشته
Plakat (n)	poster	پوستر
Wegweiser (m)	rāhnamā	راهنما
Pfeil (m)	alāmat	علامت
Vorsicht (f)	ehtiyāt	احتیاط
Warnung (f)	alāmat-e hošdār	علامت هشدار
warnen (vt)	hošdār dādan	هشدار دادن
freier Tag (m)	ruz-e ta'til	روز تعطیل

Fahrplan (m)	jadval	جدول
Öffnungszeiten (pl)	sā'athā-ye kāri	ساعت های کاری
HERZLICH WILLKOMMEN!	xoš āmadid	خوش آمدید
EINGANG	vorud	ورود
AUSGANG	xoruj	خروج
DRÜCKEN	hel dādan	هل دادن
ZIEHEN	bekešid	بکشید
GEÖFFNET	bāz	باز
GESCHLOSSEN	baste	بسته
DAMEN, FRAUEN	zanāne	زنانه
HERREN, MÄNNER	mardāne	مردانه
AUSVERKAUF	taxfif	تخفیف
REDUZIERT	harāj	حراج
NEU!	jadid	جدید
GRATIS	majjāni	مجانی
ACHTUNG!	tavajjoh	توجه
ZIMMER BELEGT	otāq-e xāli nadārim	اتاق خالی نداریم
RESERVIERT	rezerv šode	رزرو شده
VERWALTUNG	edāre	اداره
NUR FÜR PERSONAL	xāse personel	خاص پرسنل
VORSICHT BISSIGER HUND	movāzeb-e sag bāšid	مواظب سگ باشید
RAUCHEN VERBOTEN!	sigār kešidan mamnu'	سیگار کشیدن ممنوع
BITTE NICHT BERÜHREN	dast nazanid	دست نزنید
GEFÄHRLICH	xatarnāk	خطرناک
VORSICHT!	xatar	خطر
HOCHSPANNUNG	voltāj bālā	ولتاژ بالا
BADEN VERBOTEN	šenā mamnu'	شنا ممنوع
AUßER BETRIEB	xārāb	خراب
LEICHTENTZÜNDLICH	qābel-e ehterāq	قابل احتراق
VERBOTEN	mamnu'	ممنوع
DURCHGANG VERBOTEN	obur mamnu'	عبور ممنوع
FRISCH GESTRICHEN	rang-e xis	رنگ خیس

56. Innerstädtischer Transport

Bus (m)	otobus	اتوبوس
Straßenbahn (f)	terāmvā	تراموا
Obus (m)	otobus-e barqi	اتوبوس برقی
Linie (f)	xat	خط
Nummer (f)	šomāre	شماره
mit ... fahren	raftan bā	رفتن با
einsteigen (vi)	savār šodan	سوار شدن
aussteigen (aus dem Bus)	piyāde šodan	پیاده شدن

Haltestelle (f)	istgāh-e otobus	ایستگاه اتوبوس
nächste Haltestelle (f)	istgāh-e ba'di	ایستگاه بعدی
Endhaltestelle (f)	istgāh-e āxar	ایستگاه آخر
Fahrplan (m)	barnāme	برنامه
warten (vi, vt)	montazer budan	منتظر بودن
Fahrkarte (f)	belit	بلیط
Fahrpreis (m)	qeymat-e belit	قیمت بلیط
Kassierer (m)	sanduqdār	صندوقدار
Fahrkartenkontrolle (f)	kontorol-e belit	کنترل بلیط
Fahrkartenkontrolleur (m)	kontorol či	کنترل چی
sich verspäten	ta'xir dāštan	تأخیر داشتن
versäumen (Zug usw.)	az dast dādan	از دست دادن
sich beeilen	ajale kardan	عجله کردن
Taxi (n)	tāksi	تاکسی
Taxifahrer (m)	rānande-ye tāksi	راننده تاکسی
mit dem Taxi	bā tāksi	با تاکسی
Taxistand (m)	istgāh-e tāksi	ایستگاه تاکسی
ein Taxi rufen	tāksi gereftan	تاکسی گرفتن
ein Taxi nehmen	tāksi gereftan	تاکسی گرفتن
Straßenverkehr (m)	obur-o morur	عبور و مرور
Stau (m)	terāfik	ترافیک
Hauptverkehrszeit (f)	sā'at-e šoluqi	ساعت شلوغی
parken (vi)	pārk kardan	پارک کردن
parken (vt)	pārk kardan	پارک کردن
Parkplatz (m)	pārking	پارکینگ
U-Bahn (f)	metro	مترو
Station (f)	istgāh	ایستگاه
mit der U-Bahn fahren	bā metro raftan	با مترو رفتن
Zug (m)	qatār	قطار
Bahnhof (m)	istgāh-e rāh-e āhan	ایستگاه راه آهن

57. Sehenswürdigkeiten

Denkmal (n)	mojassame	مجسمه
Festung (f)	qal'e	قلعه
Palast (m)	kāx	کاخ
Schloss (n)	qal'e	قلعه
Turm (m)	borj	برج
Mausoleum (n)	ārāmgāh	آرامگاه
Architektur (f)	me'māri	معماری
mittelalterlich	qorun-e vasati	قرون وسطی
alt (antik)	qadimi	قدیمی
national	melli	ملی
berühmt	mašhur	مشهور
Tourist (m)	turist	توریست
Fremdenführer (m)	rāhnamā-ye tur	راهنمای تور

Ausflug (m)	gardeš	گردش
zeigen (vt)	nešān dādan	نشان دادن
erzählen (vt)	hekāyat kardan	حکایت کردن
finden (vt)	peydā kardan	پیدا کردن
sich verlieren	gom šodan	گم شدن
Karte (U-Bahn ~)	naqše	نقشه
Karte (Stadt-)	naqše	نقشه
Souvenir (n)	sowqāti	سوغاتی
Souvenirladen (m)	forušgāh-e sowqāti	فروشگاه سوغاتی
fotografieren (vt)	aks gereftan	عکس گرفتن
sich fotografieren	aks gereftan	عکس گرفتن

58. Shopping

kaufen (vt)	xarid kardan	خرید کردن
Einkauf (m)	xarid	خرید
einkaufen gehen	xarid kardan	خرید کردن
Einkaufen (n)	xarid	خرید
offen sein (Laden)	bāz budan	باز بودن
zu sein	baste budan	بسته بودن
Schuhe (pl)	kafš	کفش
Kleidung (f)	lebās	لباس
Kosmetik (f)	lavāzem-e ārāyeši	لوازم آرایشی
Lebensmittel (pl)	mavādd-e qazāyi	مواد غذایی
Geschenk (n)	hedye	هدیه
Verkäufer (m)	forušande	فروشنده
Verkäuferin (f)	forušande-ye zan	فروشنده زن
Kasse (f)	sanduq	صندوق
Spiegel (m)	āyene	آینه
Ladentisch (m)	pišxān	پیشخوان
Umkleidekabine (f)	otāq porov	اتاق پرو
anprobieren (vt)	emtehān kardan	امتحان کردن
passen (Schuhe, Kleid)	monāseb budan	مناسب بودن
gefallen (vi)	dust dāštan	دوست داشتن
Preis (m)	qeymat	قیمت
Preisschild (n)	barčasb-e qeymat	برچسب قیمت
kosten (vt)	qeymat dāštan	قیمت داشتن
Wie viel?	čeqadr?	چقدر؟
Rabatt (m)	taxfif	تخفیف
preiswert	arzān	ارزان
billig	arzān	ارزان
teuer	gerān	گران
Das ist teuer	gerān ast	گران است
Verleih (m)	kerāye	کرایه
leihen, mieten (ein Auto usw.)	kerāye kardan	کرایه کردن

Kredit (m), Darlehen (n)	vām	وام
auf Kredit	xarid-e e'tebāri	خرید اعتباری

59. Geld

Geld (n)	pul	پول
Austausch (m)	tabdil-e arz	تبدیل ارز
Kurs (m)	nerx-e arz	نرخ ارز
Geldautomat (m)	xodpardāz	خودپرداز
Münze (f)	sekke	سکه
Dollar (m)	dolār	دلار
Euro (m)	yuro	یورو
Lira (f)	lire	لیره
Mark (f)	mārk	مارک
Franken (m)	farānak	فرانک
Pfund Sterling (n)	pond-e esterling	پوند استرلینگ
Yen (m)	yen	ین
Schulden (pl)	qarz	قرض
Schuldner (m)	bedehkār	بدهکار
leihen (vt)	qarz dādan	قرض دادن
leihen, borgen (Geld usw.)	qarz gereftan	قرض گرفتن
Bank (f)	bānk	بانک
Konto (n)	hesāb-e bānki	حساب بانکی
einzahlen (vt)	rixtan	ریختن
auf ein Konto einzahlen	be hesāb rixtan	به حساب ریختن
abheben (vt)	az hesāb bardāštan	از حساب برداشتن
Kreditkarte (f)	kārt-e e'tebāri	کارت اعتباری
Bargeld (n)	pul-e naqd	پول نقد
Scheck (m)	ček	چک
einen Scheck schreiben	ček neveštan	چک نوشتن
Scheckbuch (n)	daste-ye ček	دسته چک
Geldtasche (f)	kif-e pul	کیف پول
Geldbeutel (m)	kif-e pul	کیف پول
Safe (m)	gāvsanduq	گاوصندوق
Erbe (m)	vāres	وارث
Erbschaft (f)	mirās	میراث
Vermögen (n)	dārāyi	دارایی
Pacht (f)	ejāre	اجاره
Miete (f)	kerāye-ye xāne	کرایۀ خانه
mieten (vt)	ejāre kardan	اجاره کردن
Preis (m)	qeymat	قیمت
Kosten (pl)	arzeš	ارزش
Summe (f)	jam'-e kol	جمع کل
ausgeben (vt)	xarj kardan	خرج کردن
Ausgaben (pl)	maxārej	مخارج

sparen (vt)	sarfeju-yi kardan	صرفه جویی کردن
sparsam	maqrun besarfe	مقرون به صرفه
zahlen (vt)	pardāxtan	پرداختن
Lohn (m)	pardāxt	پرداخت
Wechselgeld (n)	pul-e xerad	پول خرد
Steuer (f)	māliyāt	مالیات
Geldstrafe (f)	jarime	جریمه
bestrafen (vt)	jarime kardan	جریمه کردن

60. Post. Postdienst

Post (Postamt)	post	پست
Post (Postsendungen)	post	پست
Briefträger (m)	nāme resān	نامه رسان
Öffnungszeiten (pl)	sā'athā-ye kāri	ساعت های کاری
Brief (m)	nāme	نامه
Einschreibebrief (m)	nāme-ye sefāreši	نامه سفارشی
Postkarte (f)	kārt-e postāl	کارت پستال
Telegramm (n)	telegrām	تلگرام
Postpaket (n)	baste posti	بسته پستی
Geldanweisung (f)	havāle	حواله
bekommen (vt)	gereftan	گرفتن
abschicken (vt)	ferestādan	فرستادن
Absendung (f)	ersāl	ارسال
Postanschrift (f)	nešāni	نشانی
Postleitzahl (f)	kod-e posti	کد پستی
Absender (m)	ferestande	فرستنده
Empfänger (m)	girande	گیرنده
Vorname (m)	esm	اسم
Nachname (m)	nām-e xānevādegi	نام خانوادگی
Tarif (m)	ta'refe	تعرفه
Standard- (Tarif)	ādi	عادی
Spar- (-tarif)	ādi	عادی
Gewicht (n)	vazn	وزن
abwiegen (vt)	vazn kardan	وزن کردن
Briefumschlag (m)	pākat	پاکت
Briefmarke (f)	tambr	تمبر
Briefmarke aufkleben	tamr zadan	تمبر زدن

Wohnung. Haus. Zuhause

61. Haus. Elektrizität

Elektrizität (f)	barq	برق
Glühbirne (f)	lāmp	لامپ
Schalter (m)	kelid	کلید
Sicherung (f)	fiyuz	فیوز
Draht (m)	sim	سیم
Leitung (f)	sim keši	سیم کشی
Stromzähler (m)	kontor	کنتور
Zählerstand (m)	dastgāh-e xaneš	دستگاه خوانش

62. Villa. Schloss

Landhaus (n)	xāne-ye xārej-e šahr	خانه خارج شهر
Villa (f)	vilā	ویلا
Flügel (m)	bāl	بال
Garten (m)	bāq	باغ
Park (m)	pārk	پارک
Orangerie (f)	golxāne	گلخانه
pflegen (Garten usw.)	negahdāri kardan	نگهداری کردن
Schwimmbad (n)	estaxr	استخر
Kraftraum (m)	sālon-e varzeš	سالن ورزش
Tennisplatz (m)	zamin-e tenis	زمین تنیس
Heimkinoraum (m)	sinamā	سینما
Garage (f)	gārāž	گاراژ
Privateigentum (n)	melk-e xosusi	ملک خصوصی
Privatgrundstück (n)	melk-e xosusi	ملک خصوصی
Warnung (f)	hošdār	هشدار
Warnschild (n)	alāmat-e hošdār	علامت هشدار
Bewachung (f)	hefāzat	حفاظت
Wächter (m)	negahbān	نگهبان
Alarmanlage (f)	dozdgir	دزدگیر

63. Wohnung

Wohnung (f)	āpārtemān	آپارتمان
Zimmer (n)	otāq	اتاق
Schlafzimmer (n)	otāq-e xāb	اتاق خواب

Esszimmer (n)	otāq-e qazāxori	اتاق غذاخوری
Wohnzimmer (n)	mehmānxāne	مهمانخانه
Arbeitszimmer (n)	daftar	دفتر

Vorzimmer (n)	tālār-e vorudi	تالار ورودی
Badezimmer (n)	hammām	حمام
Toilette (f)	tuālet	توالت

Decke (f)	saqf	سقف
Fußboden (m)	kaf	کف
Ecke (f)	guše	گوشه

64. Möbel. Innenausstattung

Möbel (n)	mobl	مبل
Tisch (m)	miz	میز
Stuhl (m)	sandali	صندلی
Bett (n)	taxt-e xāb	تخت خواب

| Sofa (n) | kānāpe | کاناپه |
| Sessel (m) | mobl-e rāhati | مبل راحتی |

| Bücherschrank (m) | qafase-ye ketāb | قفسه کتاب |
| Regal (n) | qafase | قفسه |

Schrank (m)	komod	کمد
Hakenleiste (f)	raxt āviz	رخت آویز
Kleiderständer (m)	čub lebāsi	چوب لباسی

| Kommode (f) | komod | کمد |
| Couchtisch (m) | miz-e pišdasti | میز پیشدستی |

Spiegel (m)	āyene	آینه
Teppich (m)	farš	فرش
Matte (kleiner Teppich)	qāliče	قالیچه

Kamin (m)	šumine	شومینه
Kerze (f)	šam'	شمع
Kerzenleuchter (m)	šam'dān	شمعدان

Vorhänge (pl)	parde	پرده
Tapete (f)	kāqaz-e divāri	کاغذ دیواری
Jalousie (f)	kerkere	کرکره

| Tischlampe (f) | čerāq-e rumizi | چراغ رومیزی |
| Leuchte (f) | čerāq-e divāri | چراغ دیواری |

| Stehlampe (f) | ābāžur | آباژور |
| Kronleuchter (m) | luster | لوستر |

Bein (Tischbein usw.)	pāye	پایه
Armlehne (f)	daste-ye sandali	دستهٔ صندلی
Lehne (f)	pošti	پشتی
Schublade (f)	kešow	کشو

65. Bettwäsche

Deutsch	Transkription	Persisch
Bettwäsche (f)	raxt-e xāb	رخت خواب
Kissen (n)	bālešt	بالشت
Kissenbezug (m)	rubalešt	روبالشت
Bettdecke (f)	patu	پتو
Laken (n)	malāfe	ملافه
Tagesdecke (f)	rutaxti	روتختی

66. Küche

Deutsch	Transkription	Persisch
Küche (f)	āšpazxāne	آشپزخانه
Gas (n)	gāz	گاز
Gasherd (m)	ojāgh-e gāz	اجاق گاز
Elektroherd (m)	ojāgh-e barghi	اجاق برقی
Backofen (m)	fer	فر
Mikrowellenherd (m)	māykrofer	مایکروفر
Kühlschrank (m)	yaxčāl	یخچال
Tiefkühltruhe (f)	fereyzer	فریزر
Geschirrspülmaschine (f)	māšin-e zarfšuyi	ماشین ظرفشویی
Fleischwolf (m)	čarx-e gušt	چرخ گوشت
Saftpresse (f)	ābmive giri	آبمیوه گیری
Toaster (m)	towster	توستر
Mixer (m)	maxlut kon	مخلوط کن
Kaffeemaschine (f)	qahve sāz	قهوه ساز
Kaffeekanne (f)	qahve juš	قهوه جوش
Kaffeemühle (f)	āsiyāb-e qahve	آسیاب قهوه
Wasserkessel (m)	ketri	کتری
Teekanne (f)	quri	قوری
Deckel (m)	sarpuš	سرپوش
Teesieb (n)	čāy sāf kon	چای صاف کن
Löffel (m)	qāšoq	قاشق
Teelöffel (m)	qāšoq čāy xori	قاشق چای خوری
Esslöffel (m)	qāšoq sup xori	قاشق سوپ خوری
Gabel (f)	čangāl	چنگال
Messer (n)	kārd	کارد
Geschirr (n)	zoruf	ظروف
Teller (m)	bošqāb	بشقاب
Untertasse (f)	na'lbeki	نعلبکی
Schnapsglas (n)	gilās-e vodkā	گیلاس ودکا
Glas (n)	estekān	استکان
Tasse (f)	fenjān	فنجان
Zuckerdose (f)	qandān	قندان
Salzstreuer (m)	namakdān	نمکدان
Pfefferstreuer (m)	felfeldān	فلفلدان

Butterdose (f)	zarf-e kare	ظرف کره
Kochtopf (m)	qāblame	قابلمه
Pfanne (f)	tābe	تابه
Schöpflöffel (m)	malāqe	ملاقه
Durchschlag (m)	ābkeš	آبکش
Tablett (n)	sini	سینی
Flasche (f)	botri	بطری
Glas (Einmachglas)	šiše	شیشه
Dose (f)	quti	قوطی
Flaschenöffner (m)	dar bāz kon	در بازکن
Dosenöffner (m)	dar bāz kon	در بازکن
Korkenzieher (m)	dar bāz kon	در بازکن
Filter (n)	filter	فیلتر
filtern (vt)	filter kardan	فیلتر کردن
Müll (m)	āšqāl	آشغال
Mülleimer, Treteimer (m)	satl-e zobāle	سطل زباله

67. Bad

Badezimmer (n)	hammām	حمام
Wasser (n)	āb	آب
Wasserhahn (m)	šir	شیر
Warmwasser (n)	āb-e dāq	آب داغ
Kaltwasser (n)	āb-e sard	آب سرد
Zahnpasta (f)	xamir-e dandān	خمیر دندان
Zähne putzen	mesvāk zadan	مسواک زدن
Zahnbürste (f)	mesvāk	مسواک
sich rasieren	riš tarāšidan	ریش تراشیدن
Rasierschaum (m)	xamir-e eslāh	خمیر اصلاح
Rasierer (m)	tiq	تیغ
waschen (vt)	šostan	شستن
sich waschen	hamām kardan	حمام کردن
Dusche (f)	duš	دوش
sich duschen	duš gereftan	دوش گرفتن
Badewanne (f)	vān hammām	وان حمام
Klosettbecken (n)	tuālet-e farangi	توالت فرنگی
Waschbecken (n)	sink	سینک
Seife (f)	sābun	صابون
Seifenschale (f)	jā sābun	جا صابون
Schwamm (m)	abr	ابر
Shampoo (n)	šāmpu	شامپو
Handtuch (n)	howle	حوله
Bademantel (m)	howle-ye hamām	حوله حمام
Wäsche (f)	raxčuyi	لباسشویی
Waschmaschine (f)	māšin-e lebas-šui	ماشین لباسشویی

waschen (vt)	šostan-e lebās	شستن لباس
Waschpulver (n)	pudr-e lebas-šui	پودر لباسشویی

68. Haushaltsgeräte

Fernseher (m)	televiziyon	تلویزیون
Tonbandgerät (n)	zabt-e sowt	ضبط صوت
Videorekorder (m)	video	ویدئو
Empfänger (m)	rādiyo	رادیو
Player (m)	paxš konande	پخش کننده
Videoprojektor (m)	video porožektor	ویدئو پروژکتور
Heimkino (n)	sinamā-ye xānegi	سینمای خانگی
DVD-Player (m)	paxš konande-ye di vi di	پخش کننده دی وی دی
Verstärker (m)	āmpli-fāyer	آمپلی فایر
Spielkonsole (f)	konsul-e bāzi	کنسول بازی
Videokamera (f)	durbin-e filmbardāri	دوربین فیلمبرداری
Kamera (f)	durbin-e akkāsi	دوربین عکاسی
Digitalkamera (f)	durbin-e dijitāl	دوربین دیجیتال
Staubsauger (m)	jāru barqi	جارو برقی
Bügeleisen (n)	oto	اتو
Bügelbrett (n)	miz-e otu	میز اتو
Telefon (n)	telefon	تلفن
Mobiltelefon (n)	telefon-e hamrāh	تلفن همراه
Schreibmaschine (f)	māšin-e tahrir	ماشین تحریر
Nähmaschine (f)	čarx-e xayyāti	چرخ خیاطی
Mikrophon (n)	mikrofon	میکروفون
Kopfhörer (m)	guši	گوشی
Fernbedienung (f)	kontorol az rāh-e dur	کنترل از راه دور
CD (f)	si-di	سیدی
Kassette (f)	kāst	کاست
Schallplatte (f)	safhe-ye gerāmāfon	صفحه گرامافون

AKTIVITÄTEN DES MENSCHEN

Beruf. Geschäft. Teil 1

69. Büro. Arbeiten im Büro

Deutsch	Transkription	Persisch
Büro (Firmensitz)	daftar	دفتر
Büro (~ des Direktors)	daftar	دفتر
Rezeption (f)	pazir-aš	پذیرش
Sekretär (m)	monši	منشی
Sekretärin (f)	monši	منشی
Direktor (m)	modir	مدیر
Manager (m)	modir	مدیر
Buchhalter (m)	hesābdār	حسابدار
Mitarbeiter (m)	kārmand	کارمند
Möbel (n)	mobl	مبل
Tisch (m)	miz	میز
Schreibtischstuhl (m)	sandali dastedār	صندلی دسته دار
Rollcontainer (m)	kešow	کشو
Kleiderständer (m)	čub lebāsi	چوب لباسی
Computer (m)	kāmpiyuter	کامپیوتر
Drucker (m)	pirinter	پرینتر
Fax (n)	faks	فکس
Kopierer (m)	dastgāh-e kopi	دستگاه کپی
Papier (n)	kāqaz	کاغذ
Büromaterial (n)	lavāzem-e tahrir	لوازم تحریر
Mousepad (n)	māows pad	ماوس پد
Blatt (n) Papier	varaq	ورق
Ordner (m)	puše	پوشه
Katalog (m)	kātālog	کاتالوگ
Adressbuch (n)	rāhnamā	راهنما
Dokumentation (f)	asnād	اسناد
Broschüre (f)	borušur	بروشور
Flugblatt (n)	borušur	بروشور
Muster (n)	nemune	نمونه
Training (n)	āmuzeš	آموزش
Meeting (n)	jalase	جلسه
Mittagspause (f)	vaqt-e nāhār	وقت ناهار
eine Kopie machen	kopi gereftan	کپی گرفتن
vervielfältigen (vt)	kopi gereftan	کپی گرفتن
ein Fax bekommen	faks gereftan	فکس گرفتن
ein Fax senden	faks ferestādan	فکس فرستادن

anrufen (vt)	telefon zadan	تلفن زدن
antworten (vi)	javāb dādan	جواب دادن
verbinden (vt)	vasl šodan	وصل شدن
ausmachen (vt)	sāzmān dādan	سازمان دادن
demonstrieren (vt)	nemāyeš dādan	نمایش دادن
fehlen (am Arbeitsplatz ~)	qāyeb budan	غایب بودن
Abwesenheit (f)	qeybat	غیبت

70. Geschäftsabläufe. Teil 1

Angelegenheit (f)	šoql	شغل
Firma (f)	šerkat	شرکت
Gesellschaft (f)	kompāni	کمپانی
Konzern (m)	šerkat-e sahami	شرکت سهامی
Unternehmen (n)	šerkat	شرکت
Agentur (f)	namāyandegi	نمایندگی
Vereinbarung (f)	qarārdād	قرارداد
Vertrag (m)	qarārdād	قرارداد
Geschäft (Transaktion)	mo'āmele	معامله
Auftrag (Bestellung)	sefāreš	سفارش
Bedingung (f)	šart	شرط
en gros (im Großen)	omde furuši	عمده فروشی
Großhandels-	omde	عمده
Großhandel (m)	omde furuši	عمده فروشی
Einzelhandels-	xorde-foruši	خرده فروشی
Einzelhandel (m)	xorde-foruši	خرده فروشی
Konkurrent (m)	raqib	رقیب
Konkurrenz (f)	reqābat	رقابت
konkurrieren (vi)	reqābat kardan	رقابت کردن
Partner (m)	šarik	شریک
Partnerschaft (f)	mošārek-at	مشارکت
Krise (f)	bohrān	بحران
Bankrott (m)	varšekastegi	ورشکستگی
Bankrott machen	varšekast šodan	ورشکست شدن
Schwierigkeit (f)	saxti	سختی
Problem (n)	moškel	مشکل
Katastrophe (f)	fāje'e	فاجعه
Wirtschaft (f)	eqtesād	اقتصاد
wirtschaftlich	eqtesādi	اقتصادی
Rezession (f)	rokud-e eqtesādi	رکود اقتصادی
Ziel (n)	hadaf	هدف
Aufgabe (f)	hadaf	هدف
handeln (Handel treiben)	tejārat kardan	تجارت کردن
Netz (Verkaufs-)	šabake-ye towzi'	شبکهٔ توزیع
Lager (n)	fehrest anbār	فهرست انبار

Sortiment (n)	majmu'e	مجموعه
führende Unternehmen (n)	rahbar	رهبر
groß (-e Firma)	bozorg	بزرگ
Monopol (n)	enhesār	انحصار

Theorie (f)	nazariye	نظریه
Praxis (f)	amal	عمل
Erfahrung (f)	tajrobe	تجربه
Tendenz (f)	gerāyeš	گرایش
Entwicklung (f)	pišraft	پیشرفت

71. Geschäftsabläufe. Teil 2

| Vorteil (m) | sud | سود |
| vorteilhaft | sudāvar | سودآور |

Delegation (f)	hey'at-e namāyandegān	هیئت نمایندگان
Lohn (m)	hoquq	حقوق
korrigieren (vt)	eslāh kardan	اصلاح کردن
Dienstreise (f)	ma'muriyat	مأموریت
Kommission (f)	komisiyon	کمیسیون

kontrollieren (vt)	kontorol kardan	کنترل کردن
Konferenz (f)	konferāns	کنفرانس
Lizenz (f)	parvāne	پروانه
zuverlässig	motmaen	مطمئن

Initiative (f)	ebtekār	ابتکار
Norm (f)	me'yār	معیار
Umstand (m)	vaz'iyat	وضعیت
Pflicht (f)	vazife	وظیفه

Unternehmen (n)	šerkat	شرکت
Organisation (Prozess)	sāzmāndehi	سازماندهی
organisiert (Adj)	sāzmān yāfte	سازمان یافته
Abschaffung (f)	laqv	لغو
abschaffen (vt)	laqv kardan	لغو کردن
Bericht (m)	gozāreš	گزارش

Patent (n)	govāhi-ye sabt-e exterā'	گواهی ثبت اختراع
patentieren (vt)	govāhi exterā' gereftan	گواهی اختراع گرفتن
planen (vt)	barnāmerizi kardan	برنامه ریزی کردن

Prämie (f)	pādāš	پاداش
professionell	herfe i	حرفه ای
Prozedur (f)	tašrifāt	تشریفات

prüfen (Vertrag ~)	barresi kardan	بررسی کردن
Berechnung (f)	mohāsebe	محاسبه
Ruf (m)	e'tebār	اعتبار
Risiko (n)	risk	ریسک

| leiten (vt) | edāre kardan | اداره کردن |
| Informationen (pl) | ettelā'āt | اطلاعات |

Deutsch	Transkription	Persisch
Eigentum (n)	dārāyi	دارایی
Bund (m)	ettehādiye	اتحادیه
Lebensversicherung (f)	bime-ye omr	بیمهٔ عمر
versichern (vt)	bime kardan	بیمه کردن
Versicherung (f)	bime	بیمه
Auktion (f)	harāj	حراج
benachrichtigen (vt)	xabar dādan	خبر دادن
Verwaltung (f)	edāre	اداره
Dienst (m)	xedmat	خدمت
Forum (n)	ham andiši	هم اندیشی
funktionieren (vi)	amal kardan	عمل کردن
Etappe (f)	marhale	مرحله
juristisch	hoquqi	حقوقی
Jurist (m)	hoquq dān	حقوق دان

72. Fertigung. Arbeiten

Deutsch	Transkription	Persisch
Werk (n)	kārxāne	کارخانه
Fabrik (f)	kārxāne	کارخانه
Werkstatt (f)	kārgāh	کارگاه
Betrieb (m)	towlidi	تولیدی
Industrie (f)	san'at	صنعت
Industrie-	san'ati	صنعتی
Schwerindustrie (f)	sanāye-'e sangin	صنایع سنگین
Leichtindustrie (f)	sanāye-'e sabok	صنایع سبک
Produktion (f)	towlidāt	تولیدات
produzieren (vt)	towlid kardan	تولید کردن
Rohstoff (m)	mavādd-e xām	مواد خام
Vorarbeiter (m), Meister (m)	sarkāregar	سرکارگر
Arbeitsteam (n)	daste-ye kāregaran	دسته کارگران
Arbeiter (m)	kārgar	کارگر
Arbeitstag (m)	ruz-e kāri	روز کاری
Pause (f)	esterāhat	استراحت
Versammlung (f)	jalase	جلسه
besprechen (vt)	bahs kardan	بحث کردن
Plan (m)	barnāme	برنامه
den Plan erfüllen	barnāme rā ejrā kardan	برنامه را اجرا کردن
Arbeitsertrag (m)	nerx-e tolid	نرخ تولید
Qualität (f)	keyfiyat	کیفیت
Prüfung, Kontrolle (f)	kontrol	کنترل
Gütekontrolle (f)	kontorol-e keyfi	کنترل کیفی
Arbeitsplatzsicherheit (f)	amniyat-e kār	امنیت کار
Disziplin (f)	enzebāt	انضباط
Übertretung (f)	naqz	نقض
übertreten (vt)	naqz kardan	نقض کردن

Streik (m)	e'tesāb	اعتصاب
Streikender (m)	e'tesāb konande	اعتصاب کننده
streiken (vi)	e'tesāb kardan	اعتصاب کردن
Gewerkschaft (f)	ettehādiye-ye kārgari	اتحادیة کارگری
erfinden (vt)	exterā' kardan	اختراع کردن
Erfindung (f)	exterā'	اختراع
Erforschung (f)	tahqiq	تحقیق
verbessern (vt)	behtar kardan	بهتر کردن
Technologie (f)	fanāvari	فناوری
technische Zeichnung (f)	rasm-e fani	رسم فنی
Ladung (f)	bār	بار
Ladearbeiter (m)	bārbar	باربر
laden (vt)	bār kardan	بار کردن
Beladung (f)	bārgiri	بارگیری
entladen (vt)	bārgiri	بارگیری
Entladung (f)	bārandāz-i	باراندازی
Transport (m)	haml-o naql	حمل و نقل
Transportunternehmen (n)	šerkat-e haml-o naql	شرکت حمل و نقل
transportieren (vt)	haml kardan	حمل کردن
Güterwagen (m)	vāgon-e bari	واگن باری
Zisterne (f)	maxzan	مخزن
Lastkraftwagen (m)	kāmiyon	کامیون
Werkzeugmaschine (f)	dastgāh	دستگاه
Mechanismus (m)	mekānism	مکانیسم
Industrieabfälle (pl)	zāye'āt-e san'ati	ضایعات صنعتی
Verpacken (n)	baste band-i	بسته بندی
verpacken (vt)	baste bandi kardan	بسته بندی کردن

73. Vertrag. Zustimmung

Vertrag (m), Auftrag (m)	qarārdād	قرارداد
Vereinbarung (f)	tavāfoq-e nāme	توافق نامه
Anhang (m)	zamime	ضمیمه
einen Vertrag abschließen	qarārdād bastan	قرارداد بستن
Unterschrift (f)	emzā'	امضاء
unterschreiben (vt)	emzā kardan	امضا کردن
Stempel (m)	mehr	مهر
Vertragsgegenstand (m)	mowzu-'e qarārdād	موضوع قرارداد
Punkt (m)	mādde	ماده
Parteien (pl)	tarafeyn	طرفین
rechtmäßige Anschrift (f)	ādres-e hoquqi	آدرس حقوقی
Vertrag brechen	naqz kardan-e qarārdād	نقض کردن قرارداد
Verpflichtung (f)	ta'ahhod	تعهد
Verantwortlichkeit (f)	mas'uliyat	مسئولیت
Force majeure (f)	šarāyet-e ezterāri	شرایط اضطراری

Streit (m)	xalāf	خلاف
Strafsanktionen (pl)	eqdāmāt-e tanbihi	اقدامات تنبیهی

74. Import & Export

Import (m)	vāredāt	واردات
Importeur (m)	vāred konande	وارد کننده
importieren (vt)	vāred kardan	وارد کردن
Import-	vāredāti	وارداتی
Export (m)	sāderāt	صادرات
Exporteur (m)	sāder konande	صادر کننده
exportieren (vt)	sāder kardan	صادر کردن
Export-	sāderāti	صادراتی
Waren (pl)	kālā	کالا
Partie (f), Ladung (f)	mahmule	محموله
Gewicht (n)	vazn	وزن
Volumen (n)	hajm	حجم
Kubikmeter (m)	metr moka'ab	متر مکعب
Hersteller (m)	towlid konande	تولید کننده
Transportunternehmen (n)	šerkat-e haml-o naql	شرکت حمل و نقل
Container (m)	kāntiner	کانتینر
Grenze (f)	marz	مرز
Zollamt (n)	gomrok	گمرک
Zoll (m)	avārez-e gomroki	عوارض گمرکی
Zollbeamter (m)	ma'mur-e gomrok	مأمور گمرک
Schmuggel (m)	qāčāq	قاچاق
Schmuggelware (f)	ajnās-e qāčāq	اجناس قاچاق

75. Finanzen

Aktie (f)	sahām	سهام
Obligation (f)	owrāq-e bahādār	اوراق بهادار
Wechsel (m)	safte	سفته
Börse (f)	burs	بورس
Aktienkurs (m)	nerx-e sahām	نرخ سهام
billiger werden	arzān šodan	ارزان شدن
teuer werden	gerān šodan	گران شدن
Mehrheitsbeteiligung (f)	manāfe-'e kontoroli	منافع کنترلی
Investitionen (pl)	sarmāye gozāri	سرمایه گذاری
investieren (vt)	sarmāye gozāri kardan	سرمایه گذاری کردن
Prozent (n)	darsad	درصد
Zinsen (pl)	sud	سود
Gewinn (m)	sud	سود
gewinnbringend	sudāvar	سودآور

Steuer (f)	māliyāt	مالیات
Währung (f)	arz	ارز
Landes-	melli	ملی
Geldumtausch (m)	tabādol	تبادل
Buchhalter (m)	hesābdār	حسابدار
Buchhaltung (f)	hesābdāri	حسابداری
Bankrott (m)	varšekastegi	ورشکستگی
Zusammenbruch (m)	šekast	شکست
Pleite (f)	varšekastegi	ورشکستگی
pleite gehen	varšekast šodan	ورشکست شدن
Inflation (f)	tavarrom	تورم
Abwertung (f)	taqlil-e arzeš-e pul	تقلیل ارزش پول
Kapital (n)	sarmāye	سرمایه
Einkommen (n)	darāmad	درآمد
Umsatz (m)	gardeš mo'āmelāt	گردش معاملات
Mittel (Reserven)	manābe'	منابع
Geldmittel (pl)	manābe-'e puli	منابع پولی
Gemeinkosten (pl)	maxārej-e kolli	مخارج کلی
reduzieren (vt)	kam kardan	کم کردن

76. Marketing

Marketing (n)	bāzāryābi	بازاریابی
Markt (m)	bāzār	بازار
Marktsegment (n)	baxše bāzār	بخش بازار
Produkt (n)	mahsul	محصول
Waren (pl)	kālā	کالا
Schutzmarke (f)	barand	برند
Handelsmarke (f)	nešān tejāri	نشان تجاری
Firmenzeichen (n)	logo	لوگو
Logo (n)	logo	لوگو
Nachfrage (f)	taqāzā	تقاضا
Angebot (n)	arze	عرضه
Bedürfnis (n)	ehtiyāj	احتیاج
Verbraucher (m)	masraf-e konande	مصرف کننده
Analyse (f)	tahlil	تحلیل
analysieren (vt)	tahlil kardan	تحلیل کردن
Positionierung (f)	mowze' giri	موضع گیری
positionieren (vt)	mowze' giri kardan	موضع گیری کردن
Preis (m)	qeymat	قیمت
Preispolitik (f)	siyāsat-e qeymat-e gozār-i	سیاست قیمت گذاری
Preisbildung (f)	qeymat gozāri	قیمت گذاری

77. Werbung

Deutsch	Transkription	Persisch
Werbung (f)	āgahi	آگهی
werben (vt)	tabliq kardan	تبلیغ کردن
Budget (n)	budje	بودجه
Werbeanzeige (f)	āgahi	آگهی
Fernsehwerbung (f)	tabliqāt-e televiziyoni	تبلیغات تلویزیونی
Radiowerbung (f)	tabliqāt-e rādiyoyi	تبلیغات رادیویی
Außenwerbung (f)	āgahi-ye biruni	آگهی بیرونی
Massenmedien (pl)	resāne-hay-e jam'i	رسانه های جمعی
Zeitschrift (f)	našriye-ye dowrei	نشریۀ دوره ای
Image (n)	temsāl	تمثال
Losung (f)	šo'ār	شعار
Motto (n)	šo'ār	شعار
Kampagne (f)	kampeyn	کمپین
Werbekampagne (f)	kampeyn-e tabliqāti	کمپین تبلیغاتی
Zielgruppe (f)	goruh-e hadaf	گروه هدف
Visitenkarte (f)	kārt-e vizit	کارت ویزیت
Flugblatt (n)	borušur	بروشور
Broschüre (f)	borušur	بروشور
Faltblatt (n)	ketābče	کتابچه
Informationsblatt (n)	xabarnāme	خبرنامه
Firmenschild (n)	tāblo	تابلو
Plakat (n)	poster	پوستر
Werbeschild (n)	bilbord	بیلبورد

78. Bankgeschäft

Bank (f)	bānk	بانک
Filiale (f)	šo'be	شعبه
Berater (m)	mošāver	مشاور
Leiter (m)	modir	مدیر
Konto (n)	hesāb-e bānki	حساب بانکی
Kontonummer (f)	šomāre-ye hesāb	شمارۀ حساب
Kontokorrent (n)	hesāb-e jāri	حساب جاری
Sparkonto (n)	hesāb-e pasandāz	حساب پس انداز
ein Konto eröffnen	hesāb-e bāz kardan	حساب باز کردن
das Konto schließen	hesāb rā bastan	حساب را بستن
einzahlen (vt)	be hesāb rixtan	به حساب ریختن
abheben (vt)	az hesāb bardāštan	از حساب برداشتن
Einzahlung (f)	seporde	سپرده
eine Einzahlung machen	seporde gozāštan	سپرده گذاشتن
Überweisung (f)	enteqāl	انتقال

überweisen (vt)	enteqāl dādan	انتقال دادن
Summe (f)	jam'-e kol	جمع کل
Wieviel?	čeqadr?	چقدر؟

| Unterschrift (f) | emzā' | امضاء |
| unterschreiben (vt) | emzā kardan | امضا کردن |

Kreditkarte (f)	kārt-e e'tebāri	کارت اعتباری
Code (m)	kod	کد
Kreditkartennummer (f)	šomāre-ye kārt-e e'tebāri	شماره کارت اعتباری
Geldautomat (m)	xodpardāz	خودپرداز

Scheck (m)	ček	چک
einen Scheck schreiben	ček neveštan	چک نوشتن
Scheckbuch (n)	daste-ye ček	دسته چک

Darlehen (m)	e'tebār	اعتبار
ein Darlehen beantragen	darxāst-e vam kardan	درخواست وام کردن
ein Darlehen aufnehmen	vām gereftan	وام گرفتن
ein Darlehen geben	vām dādan	وام دادن
Sicherheit (f)	zemānat	ضمانت

79. Telefon. Telefongespräche

Telefon (n)	telefon	تلفن
Mobiltelefon (n)	telefon-e hamrāh	تلفن همراه
Anrufbeantworter (m)	monši-ye telefoni	منشی تلفنی

| anrufen (vt) | telefon zadan | تلفن زدن |
| Anruf (m) | tamās-e telefoni | تماس تلفنی |

eine Nummer wählen	šomāre gereftan	شماره گرفتن
Hallo!	alo!	الو!
fragen (vt)	porsidan	پرسیدن
antworten (vi)	javāb dādan	جواب دادن
hören (vt)	šenidan	شنیدن
gut (~ aussehen)	xub	خوب
schlecht (Adv)	bad	بد
Störungen (pl)	sedā	صدا

Hörer (m)	guši	گوشی
den Hörer abnehmen	guši rā bar dāštan	گوشی را برداشتن
auflegen (den Hörer ~)	guši rā gozāštan	گوشی را گذاشتن

besetzt	mašqul	مشغول
läuten (vi)	zang zadan	زنگ زدن
Telefonbuch (n)	daftar-e telefon	دفتر تلفن

Orts-	mahalli	محلی
Ortsgespräch (n)	telefon-e dāxeli	تلفن داخلی
Auslands-	beynolmelali	بین المللی
Auslandsgespräch (n)	telefon-e beynolmelali	تلفن بین المللی
Fern-	beyn-e šahri	بین شهری
Ferngespräch (n)	telefon-e beyn-e šahri	تلفن بین شهری

80. Mobiltelefon

Mobiltelefon (n)	telefon-e hamrāh	تلفن همراه
Display (n)	namāyešgar	نمایشگر
Knopf (m)	dokme	دکمه
SIM-Karte (f)	sim-e kārt	سیم کارت
Batterie (f)	bātri	باطری
leer sein (Batterie)	tamām šodan bātri	تمام شدن باتری
Ladegerät (n)	šāržer	شارژ
Menü (n)	meno	منو
Einstellungen (pl)	tanzimāt	تنظیمات
Melodie (f)	āhang	آهنگ
auswählen (vt)	entexāb kardan	انتخاب کردن
Rechner (m)	māšin-e hesāb	ماشین حساب
Anrufbeantworter (m)	monši-ye telefoni	منشی تلفنی
Wecker (m)	sā'at-e zang dār	ساعت زنگ دار
Kontakte (pl)	daftar-e telefon	دفتر تلفن
SMS-Nachricht (f)	payāmak	پیامک
Teilnehmer (m)	moštarek	مشترک

81. Bürobedarf

Kugelschreiber (m)	xodkār	خودکار
Federhalter (m)	xodnevis	خودنویس
Bleistift (m)	medād	مداد
Faserschreiber (m)	māžik	ماژیک
Filzstift (m)	māžik	ماژیک
Notizblock (m)	daftar-e yāddāšt	دفتر یادداشت
Terminkalender (m)	daftar-e yāddāšt	دفتر یادداشت
Lineal (n)	xat keš	خط کش
Rechner (m)	māšin-e hesāb	ماشین حساب
Radiergummi (m)	pāk kon	پاک کن
Reißzwecke (f)	punez	پونز
Heftklammer (f)	gire	گیره
Klebstoff (m)	časb	چسب
Hefter (m)	mangane-ye zan	منگنه زن
Locher (m)	pānč	پانچ
Bleistiftspitzer (m)	madād-e tarāš	مداد تراش

82. Geschäftsarten

Buchführung (f)	xadamāt-e hesābdāri	خدمات حسابداری
Werbung (f)	āgahi	آگهی

Deutsch	Persisch (Transliteration)	Persisch
Werbeagentur (f)	āžāns-e tabliqāti	آژانس تبلیغاتی
Klimaanlagen (pl)	tahviye-ye matbu'	تهویه مطبوع
Fluggesellschaft (f)	šerkat-e havāpeymāyi	شرکت هواپیمایی
Spirituosen (pl)	mašrubāt-e alkoli	مشروبات الکلی
Antiquitäten (pl)	atiqe	عتیقه
Kunstgalerie (f)	gāleri-ye honari	گالری هنری
Rechnungsprüfung (f)	xadamāt-e momayyezi	خدمات ممیزی
Bankwesen (n)	bānk-dāri	بانکداری
Bar (f)	bār	بار
Schönheitssalon (m)	sālon-e zibāyi	سالن زیبایی
Buchhandlung (f)	ketāb-foruši	کتاب فروشی
Bierbrauerei (f)	ābe jow-sāzi	آب جوسازی
Bürogebäude (n)	markaz-e tejāri	مرکز تجاری
Business-Schule (f)	moassese-ye bāzargāni	موسسه بازرگانی
Kasino (n)	kāzino	کازینو
Bau (m)	sāxtemān	ساختمان
Beratung (f)	mošavere	مشاوره
Stomatologie (f)	dandān-e pezeški	دندان پزشکی
Design (n)	tarrāhi	طراحی
Apotheke (f)	dāruxāne	داروخانه
chemische Reinigung (f)	xošk-šuyi	خشکشویی
Personalagentur (f)	āžāns-e kāryābi	آژانس کاریابی
Finanzdienstleistungen (pl)	xadamāt-e māli	خدمات مالی
Nahrungsmittel (pl)	mavādd-e qazāyi	مواد غذایی
Bestattungsinstitut (n)	xadamat-e kafno dafn	خدمات کفن ودفن
Möbel (n)	mobl	مبل
Kleidung (f)	lebās	لباس
Hotel (n)	hotel	هتل
Eis (n)	bastani	بستنی
Industrie (f)	san'at	صنعت
Versicherung (f)	bime	بیمه
Internet (n)	internet	اینترنت
Investitionen (pl)	sarmāye gozāri	سرمایه گذاری
Juwelier (m)	javāheri	جواهری
Juwelierwaren (pl)	javāherāt	جواهرات
Wäscherei (f)	xošk-šuyi	خشکشویی
Rechtsberatung (f)	xadamāt-e hoquqi	خدمات حقوقی
Leichtindustrie (f)	sanāye-'e sabok	صنایع سبک
Zeitschrift (f)	majalle	مجله
Versandhandel (m)	foruš-e sefāreš-e posti	فروش سفارش پستی
Medizin (f)	pezeški	پزشکی
Kino (Filmtheater)	sinamā	سینما
Museum (n)	muze	موزه
Nachrichtenagentur (f)	xabar-gozari	خبرگزاری
Zeitung (f)	ruznāme	روزنامه
Nachtklub (m)	kābāre	کاباره
Erdöl (n)	naft	نفت

Kurierdienst (m)	xadamāt-e post	خدمات پست
Pharmaindustrie (f)	dārusāzi	داروسازی
Druckindustrie (f)	sahhāfi	صحافی
Verlag (m)	entešārāt	انتشارات
Rundfunk (m)	rādiyo	رادیو
Immobilien (pl)	amvāl-e qeyr-e manqul	اموال غیر منقول
Restaurant (n)	resturān	رستوران
Sicherheitsagentur (f)	āžāns-e amniyati	آژانس امنیتی
Sport (m)	varzeš	ورزش
Börse (f)	burs	بورس
Laden (m)	maqāze	مغازه
Supermarkt (m)	supermārket	سوپرمارکت
Schwimmbad (n)	estaxr	استخر
Atelier (n)	xayyāti	خیاطی
Fernsehen (n)	televiziyon	تلویزیون
Theater (n)	teātr	تئاتر
Handel (m)	tejārat	تجارت
Transporte (pl)	haml-o naql	حمل و نقل
Reisen (pl)	turism	توریسم
Tierarzt (m)	dāmpezešk	دامپزشک
Warenlager (n)	anbār	انبار
Müllabfuhr (f)	jam āvari-ye zobāle	جمع آوری زباله

Arbeit. Geschäft. Teil 2

83. Show. Ausstellung

Ausstellung (f)	namāyešgāh	نمایشگاه
Handelsausstellung (f)	namāyešgāh-e tejāri	نمایشگاه تجاری

Teilnahme (f)	šerkat	شرکت
teilnehmen (vi)	šerekat kardan	شرکت کردن
Teilnehmer (m)	šerekat konande	شرکت کننده

Direktor (m)	ra'is	رئیس
Messeverwaltung (f)	daftar-e modiriyat	دفتر مدیریت
Organisator (m)	sāzmān dahande	سازمان دهنده
veranstalten (vt)	sāzmān dādan	سازمان دادن

Anmeldeformular (n)	darxāst-e šerkat	درخواست شرکت
ausfüllen (vt)	por kardan	پر کردن
Details (pl)	joz'iyāt	جزئیات
Information (f)	ettelā'āt	اطلاعات

Preis (m)	arzeš	ارزش
einschließlich	šāmel	شامل
einschließen (vt)	šāmel šodan	شامل شدن
zahlen (vt)	pardāxtan	پرداختن
Anmeldegebühr (f)	haqq-e sabt	حق ثبت

Eingang (m)	vorud	ورود
Pavillon (m)	qorfe	غرفه
registrieren (vt)	sabt kardan	ثبت کردن
Namensschild (n)	kārt-e šenāsāyi	کارت شناسایی

Stand (m)	qorfe	غرفه
reservieren (vt)	rezerv kardan	رزرو کردن

Vitrine (f)	vitrin	ویترین
Strahler (m)	nurafkan	نورافکن
Design (n)	tarh	طرح
stellen (vt)	qarār dādan	قرار دادن
gelegen sein	qarār gereftan	قرار گرفتن

Distributor (m)	towzi' konande	توزیع کننده
Lieferant (m)	arze konande	عرضه کننده
liefern (vt)	arze kardan	عرضه کردن

Land (n)	kešvar	کشور
ausländisch	xāreji	خارجی
Produkt (n)	mahsul	محصول
Assoziation (f)	anjoman	انجمن
Konferenzraum (m)	tālār-e konferāns	تالار کنفرانس

Kongress (m)	kongere	کنگره
Wettbewerb (m)	mosābeqe	مسابقه
Besucher (m)	bāzdid konande	بازدید کننده
besuchen (vt)	bāzdid kardan	بازدید کردن
Auftraggeber (m)	moštari	مشتری

84. Wissenschaft. Forschung. Wissenschaftler

Wissenschaft (f)	elm	علم
wissenschaftlich	elmi	علمی
Wissenschaftler (m)	dānešmand	دانشمند
Theorie (f)	nazariye	نظریه
Axiom (n)	qā'ede-ye kolli	قاعده کلی
Analyse (f)	tahlil	تحلیل
analysieren (vt)	tahlil kardan	تحلیل کردن
Argument (n)	dalil	دلیل
Substanz (f)	mādde	ماده
Hypothese (f)	farziye	فرضیه
Dilemma (n)	dorāhi	دوراهی
Dissertation (f)	pāyān nāme	پایان نامه
Dogma (n)	aqide	عقیده
Doktrin (f)	doktorin	دکترین
Forschung (f)	tahqiq	تحقیق
forschen (vi)	tahghigh kardan	تحقیق کردن
Kontrolle (f)	āzmāyeš	آزمایش
Labor (n)	āzmāyešgāh	آزمایشگاه
Methode (f)	raveš	روش
Molekül (n)	molekul	مولکول
Monitoring (n)	nozzār-at	نظارت
Entdeckung (f)	kašf	کشف
Postulat (n)	engāre	انگاره
Prinzip (n)	asl	اصل
Prognose (f)	piš bini	پیش بینی
prognostizieren (vt)	pišbini kardan	پیش بینی کردن
Synthese (f)	santez	سنتز
Tendenz (f)	gerāyeš	گرایش
Theorem (n)	qaziye	قضیه
Lehre (Doktrin)	āmuzeš	آموزش
Tatsache (f)	haqiqat	حقیقت
Expedition (f)	safar	سفر
Experiment (n)	āzmāyeš	آزمایش
Akademiemitglied (n)	ozv-e ākādemi	عضو آکادمی
Bachelor (m)	lisāns	لیسانس
Doktor (m)	pezešk	پزشک
Dozent (m)	dānešyār	دانشیار

| Magister (m) | foqe lisāns | فوق ليسانس |
| Professor (m) | porofosor | پروفسور |

Berufe und Tätigkeiten

85. Arbeitsuche. Kündigung

Arbeit (f), Stelle (f)	kār	کار
Belegschaft (f)	kārmandān	کارمندان
Personal (n)	kādr	کادر

Karriere (f)	šoql	شغل
Perspektive (f)	durnamā	دورنما
Können (n)	mahārat	مهارت

Auswahl (f)	entexāb	انتخاب
Personalagentur (f)	āžāns-e kāryābi	آژانس کاریابی
Lebenslauf (m)	rezume	رزومه
Vorstellungsgespräch (n)	mosāhabe-ye kari	مصاحبه کاری
Vakanz (f)	post-e xāli	پست خالی

Gehalt (n)	hoquq	حقوق
festes Gehalt (n)	darāmad-e sābet	درآمد ثابت
Arbeitslohn (m)	pardāxt	پرداخت

Stellung (f)	šoql	شغل
Pflicht (f)	vazife	وظیفه
Aufgabenspektrum (n)	šarh-e vazāyef	شرح وظایف
beschäftigt	mašqul	مشغول

| kündigen (vt) | exrāj kardan | اخراج کردن |
| Kündigung (f) | exrāj | اخراج |

Arbeitslosigkeit (f)	bikāri	بیکاری
Arbeitslose (m)	bikār	بیکار
Rente (f), Ruhestand (m)	mostamerri	مستمری
in Rente gehen	bāznešaste šodan	بازنشسته شدن

86. Geschäftsleute

Direktor (m)	modir	مدیر
Leiter (m)	modir	مدیر
Boss (m)	ra'is	رئیس

Vorgesetzte (m)	māfowq	مافوق
Vorgesetzten (pl)	roasā	رؤسا
Präsident (m)	ra'is jomhur	رئیس جمهور
Vorsitzende (m)	ra'is	رئیس

| Stellvertreter (m) | mo'āven | معاون |
| Helfer (m) | mo'āven | معاون |

Deutsch	Persisch (Transkription)	Persisch
Sekretär (m)	monši	منشی
Privatsekretär (m)	dastyār-e šaxsi	دستیار شخصی
Geschäftsmann (m)	bāzargān	بازرگان
Unternehmer (m)	kārāfarin	کارآفرین
Gründer (m)	moasses	مؤسس
gründen (vt)	ta'sis kardan	تأسیس کردن
Gründungsmitglied (n)	hamkār	همکار
Partner (m)	šarik	شریک
Aktionär (m)	sahāmdār	سهامدار
Millionär (m)	milyuner	میلیونر
Milliardär (m)	milyārder	میلیاردر
Besitzer (m)	sāheb	صاحب
Landbesitzer (m)	zamin-dār	زمین دار
Kunde (m)	xaridār	خریدار
Stammkunde (m)	xaridār-e dāemi	خریدار دائمی
Käufer (m)	xaridār	خریدار
Besucher (m)	bāzdid konande	بازدید کننده
Fachmann (m)	herfe i	حرفه ای
Experte (m)	kāršenās	کارشناس
Spezialist (m)	motexasses	متخصص
Bankier (m)	kārmand-e bānk	کارمند بانک
Makler (m)	dallāl-e kārgozār	دلال کارگزار
Kassierer (m)	sanduqdār	صندوقدار
Buchhalter (m)	hesābdār	حسابدار
Wächter (m)	negahbān	نگهبان
Investor (m)	sarmāye gozār	سرمایه گذار
Schuldner (m)	bedehkār	بدهکار
Gläubiger (m)	talabkār	طلبکار
Kreditnehmer (m)	vām girande	وام گیرنده
Importeur (m)	vāred konande	وارد کننده
Exporteur (m)	sāder konande	صادر کننده
Hersteller (m)	towlid konande	تولید کننده
Distributor (m)	towzi' konande	توزیع کننده
Vermittler (m)	vāsete	واسطه
Berater (m)	mošāver	مشاور
Vertreter (m)	namāyande	نماینده
Agent (m)	namāyande	نماینده
Versicherungsagent (m)	namāyande-ye bime	نمایندهٔ بیمه

87. Dienstleistungsberufe

Deutsch	Persisch (Transkription)	Persisch
Koch (m)	āšpaz	آشپز
Chefkoch (m)	sarāšpaz	سرآشپز

Bäcker (m)	nānvā	نانوا
Barmixer (m)	motesaddi-ye bār	متصدی بار
Kellner (m)	pišxedmat	پیشخدمت
Kellnerin (f)	pišxedmat	پیشخدمت
Rechtsanwalt (m)	vakil	وکیل
Jurist (m)	hoquq dān	حقوق دان
Notar (m)	daftardār	دفتردار
Elektriker (m)	barq-e kār	برق کار
Klempner (m)	lule keš	لوله کش
Zimmermann (m)	najjār	نجار
Masseur (m)	māsāž dahande	ماساژ دهنده
Masseurin (f)	māsāž dahande	ماساژ دهنده
Arzt (m)	pezešk	پزشک
Taxifahrer (m)	rānande-ye tāksi	راننده تاکسی
Fahrer (m)	rānande	راننده
Ausfahrer (m)	peyk	پیک
Zimmermädchen (n)	mostaxdem	مستخدم
Wächter (m)	negahbān	نگهبان
Flugbegleiterin (f)	mehmāndār-e havāpeymā	مهماندار هواپیما
Lehrer (m)	mo'allem	معلم
Bibliothekar (m)	ketābdār	کتابدار
Übersetzer (m)	motarjem	مترجم
Dolmetscher (m)	motarjem-e šafāhi	مترجم شفاهی
Fremdenführer (m)	rāhnamā-ye tur	راهنمای تور
Friseur (m)	ārāyešgar	آرایشگر
Briefträger (m)	nāme resān	نامه رسان
Verkäufer (m)	forušande	فروشنده
Gärtner (m)	bāqbān	باغبان
Diener (m)	nowkar	نوکر
Magd (f)	xedmatkār	خدمتکار
Putzfrau (f)	zan-e nezāfatči	زن نظافتچی

88. Militärdienst und Ränge

einfacher Soldat (m)	sarbāz	سرباز
Feldwebel (m)	goruhbān	گروهبان
Leutnant (m)	sotvān	ستوان
Hauptmann (m)	kāpitān	کاپیتان
Major (m)	sargord	سرگرد
Oberst (m)	sarhang	سرهنگ
General (m)	ženerāl	ژنرال
Marschall (m)	māršāl	مارشال
Admiral (m)	daryāsālār	دریاسالار
Militärperson (f)	nezāmi	نظامی
Soldat (m)	sarbāz	سرباز

Deutsch	Persisch (Umschrift)	Persisch
Offizier (m)	afsar	افسر
Kommandeur (m)	farmāndeh	فرمانده
Grenzsoldat (m)	marzbān	مرزبان
Funker (m)	bisim či	بیسیم چی
Aufklärer (m)	ettelā'āti	اطلاعاتی
Pionier (m)	mohandes estehkāmāt	مهندس استحکامات
Schütze (m)	tirandāz	تیرانداز
Steuermann (m)	nāvbar	ناوبر

89. Beamte. Priester

Deutsch	Persisch (Umschrift)	Persisch
König (m)	šāh	شاه
Königin (f)	maleke	ملکه
Prinz (m)	šāhzāde	شاهزاده
Prinzessin (f)	pranses	پرنسس
Zar (m)	tezār	تزار
Zarin (f)	maleke	ملکه
Präsident (m)	ra'is jomhur	رئیس جمهور
Minister (m)	vazir	وزیر
Ministerpräsident (m)	noxost vazir	نخست وزیر
Senator (m)	senātor	سناتور
Diplomat (m)	diplomāt	دیپلمات
Konsul (m)	konsul	کنسول
Botschafter (m)	safir	سفیر
Ratgeber (m)	mošāver	مشاور
Beamte (m)	kārmand	کارمند
Präfekt (m)	baxšdār	بخشدار
Bürgermeister (m)	šahrdār	شهردار
Richter (m)	qāzi	قاضی
Staatsanwalt (m)	dādsetān	دادستان
Missionar (m)	misiyoner	میسیونر
Mönch (m)	rāheb	راهب
Abt (m)	rāheb-e bozorg	راهب بزرگ
Rabbiner (m)	xāxām	خاخام
Wesir (m)	vazir	وزیر
Schah (n)	šāh	شاه
Scheich (m)	šeyx	شیخ

90. Landwirtschaftliche Berufe

Deutsch	Persisch (Umschrift)	Persisch
Bienenzüchter (m)	zanburdār	زنبوردار
Hirt (m)	čupān	چوپان
Agronom (m)	motexasses-e kešāvarzi	متخصص کشاورزی

Viehzüchter (m)	dāmparvar	دامپرور
Tierarzt (m)	dāmpezešk	دامپزشک
Farmer (m)	kešāvarz	کشاورز
Winzer (m)	šarāb sāz	شراب ساز
Zoologe (m)	jānevar-šenās	جانور شناس
Cowboy (m)	gāvčerān	گاوچران

91. Künstler

Schauspieler (m)	bāzigar	بازیگر
Schauspielerin (f)	bāzigar	بازیگر
Sänger (m)	xānande	خواننده
Sängerin (f)	xānande	خواننده
Tänzer (m)	raqqās	رقاص
Tänzerin (f)	raqqāse	رقاصه
Künstler (m)	honarpiše	هنرپیشه
Künstlerin (f)	honarpiše	هنرپیشه
Musiker (m)	muzisiyan	موزیسین
Pianist (m)	piyānist	پیانیست
Gitarrist (m)	gitārist	گیتاریست
Dirigent (m)	rahbar-e orkestr	رهبر ارکستر
Komponist (m)	āhangsāz	آهنگساز
Manager (m)	modir-e operā	مدیر اپرا
Regisseur (m)	kārgardān	کارگردان
Produzent (m)	tahiye konande	تهیه کننده
Drehbuchautor (m)	senārist	سناریست
Kritiker (m)	montaqed	منتقد
Schriftsteller (m)	nevisande	نویسنده
Dichter (m)	šā'er	شاعر
Bildhauer (m)	mojassame sāz	مجسمه ساز
Maler (m)	naqqāš	نقاش
Jongleur (m)	tardast	تردست
Clown (m)	dalqak	دلقک
Akrobat (m)	ākrobāt	آکروبات
Zauberkünstler (m)	šo'bade bāz	شعبده باز

92. Verschiedene Berufe

Arzt (m)	pezešk	پزشک
Krankenschwester (f)	parastār	پرستار
Psychiater (m)	ravānpezešk	روانپزشک
Zahnarzt (m)	dandān pezešk	دندان پزشک
Chirurg (m)	jarrāh	جراح

Astronaut (m)	fazānavard	فضانورد
Astronom (m)	setāre-šenās	ستاره شناس
Pilot (m)	xalabān	خلبان
Fahrer (Taxi-)	rānande	راننده
Lokomotivführer (m)	rānande	راننده
Mechaniker (m)	mekānik	مکانیک
Bergarbeiter (m)	ma'danči	معدنچی
Arbeiter (m)	kārgar	کارگر
Schlosser (m)	qofl sāz	قفل ساز
Tischler (m)	najjār	نجار
Dreher (m)	tarrāš kār	تراش کار
Bauarbeiter (m)	kārgar-e sāxtemāni	کارگر ساختمانی
Schweißer (m)	juš kār	جوش کار
Professor (m)	porofosor	پروفسور
Architekt (m)	me'mār	معمار
Historiker (m)	movarrex	مورخ
Wissenschaftler (m)	dānešmand	دانشمند
Physiker (m)	fizikdān	فیزیکدان
Chemiker (m)	šimi dān	شیمی دان
Archäologe (m)	bāstān-šenās	باستان شناس
Geologe (m)	zamin-šenās	زمین شناس
Forscher (m)	pažuhešgar	پژوهشگر
Kinderfrau (f)	parastār bače	پرستار بچه
Lehrer (m)	āmuzgār	آموزگار
Redakteur (m)	virāstār	ویراستار
Chefredakteur (m)	sardabir	سردبیر
Korrespondent (m)	xabarnegār	خبرنگار
Schreibkraft (f)	māšin nevis	ماشین نویس
Designer (m)	tarāh	طراح
Computerspezialist (m)	kāršenās kāmpiyuter	کارشناس کامپیوتر
Programmierer (m)	barnāme-ye nevis	برنامه نویس
Ingenieur (m)	mohandes	مهندس
Seemann (m)	malavān	ملوان
Matrose (m)	malavān	ملوان
Retter (m)	nejāt-e dahande	نجات دهنده
Feuerwehrmann (m)	ātaš nešān	آتش نشان
Polizist (m)	polis	پلیس
Nachtwächter (m)	mohāfez	محافظ
Detektiv (m)	kārāgāh	کارآگاه
Zollbeamter (m)	ma'mur-e gomrok	مامور گمرک
Leibwächter (m)	mohāfez-e šaxsi	محافظ شخصی
Gefängniswärter (m)	negahbān zendān	نگهبان زندان
Inspektor (m)	bāzres	بازرس
Sportler (m)	varzeškār	ورزشکار
Trainer (m)	morabbi	مربی

Fleischer (m)	qassāb	قصاب
Schuster (m)	kaffāš	کفاش
Geschäftsmann (m)	bāzargān	بازرگان
Ladearbeiter (m)	bārbar	باربر
Modedesigner (m)	tarrāh-e lebas	طراح لباس
Modell (n)	model-e zan	مدل زن

93. Beschäftigung. Sozialstatus

Schüler (m)	dāneš-āmuz	دانش آموز
Student (m)	dānešju	دانشجو
Philosoph (m)	filsuf	فیلسوف
Ökonom (m)	eqtesāddān	اقتصاددان
Erfinder (m)	moxtare'	مخترع
Arbeitslose (m)	bikār	بیکار
Rentner (m)	bāznešaste	بازنشسته
Spion (m)	jāsus	جاسوس
Gefangene (m)	zendāni	زندانی
Streikender (m)	e'tesāb konande	اعتصاب کننده
Bürokrat (m)	ma'mur-e edāri	مأمور اداری
Reisende (m)	mosāfer	مسافر
Homosexuelle (m)	hamjens-e bāz	همجنس باز
Hacker (m)	haker	هکر
Hippie (m)	hipi	هیپی
Bandit (m)	rāhzan	راهزن
Killer (m)	ādamkoš	آدمکش
Drogenabhängiger (m)	mo'tād	معتاد
Drogenhändler (m)	forušande-ye mavādd-e moxadder	فروشندهٔ مواد مخدر
Prostituierte (f)	fāheše	فاحشه
Zuhälter (m)	jākeš	جاکش
Zauberer (m)	jādugar	جادوگر
Zauberin (f)	jādugar	جادوگر
Seeräuber (m)	dozd-e daryāyi	دزد دریایی
Sklave (m)	borde	برده
Samurai (m)	sāmurāyi	سامورایی
Wilde (m)	vahši	وحشی

Ausbildung

94. Schule

Schule (f)	madrese	مدرسه
Schulleiter (m)	modir-e madrese	مدیر مدرسه
Schüler (m)	dāneš-āmuz	دانش آموز
Schülerin (f)	dāneš-āmuz	دانش آموز
Schuljunge (m)	dāneš-āmuz	دانش آموز
Schulmädchen (f)	dāneš-āmuz	دانش آموز
lehren (vt)	āmuxtan	آموختن
lernen (Englisch ~)	yād gereftan	یاد گرفتن
auswendig lernen	az hefz kardan	از حفظ کردن
lernen (vi)	yād gereftan	یاد گرفتن
in der Schule sein	tahsil kardan	تحصیل کردن
die Schule besuchen	madrese raftan	مدرسه رفتن
Alphabet (n)	alefbā	الفبا
Fach (n)	mabhas	مبحث
Klassenraum (m)	kelās	کلاس
Stunde (f)	dars	درس
Pause (f)	zang-e tafrih	زنگ تفریح
Schulglocke (f)	zang	زنگ
Schulbank (f)	miz-e tahrir	میز تحریر
Tafel (f)	taxte-ye siyāh	تخته سیاه
Note (f)	nomre	نمره
gute Note (f)	nomre-ye xub	نمرهٔ خوب
schlechte Note (f)	nomre-ye bad	نمرهٔ بد
eine Note geben	nomre gozāštan	نمره گذاشتن
Fehler (m)	eštebāh	اشتباه
Fehler machen	eštebāh kardan	اشتباه کردن
korrigieren (vt)	eslāh kardan	اصلاح کردن
Spickzettel (m)	taqallob	تقلب
Hausaufgabe (f)	taklif manzel	تکلیف منزل
Übung (f)	tamrin	تمرین
anwesend sein	hozur dāštan	حضور داشتن
fehlen (in der Schule ~)	qāyeb budan	غایب بودن
versäumen (Schule ~)	az madrese qāyeb budan	ازمدرسه غایب بودن
bestrafen (vt)	tanbih kardan	تنبیه کردن
Strafe (f)	tanbih	تنبیه
Benehmen (n)	raftār	رفتار

Zeugnis (n)	gozāreš-e ruzāne	گزارش روزانه
Bleistift (m)	medād	مداد
Radiergummi (m)	pāk kon	پاک کن
Kreide (f)	gač	گچ
Federkasten (m)	qalamdān	قلمدان
Schulranzen (m)	kif madrese	کیف مدرسه
Kugelschreiber, Stift (m)	xodkār	خودکار
Heft (n)	daftar	دفتر
Lehrbuch (n)	ketāb-e darsi	کتاب درسی
Zirkel (m)	pargār	پرگار
zeichnen (vt)	rasm kardan	رسم کردن
Zeichnung (f)	rasm-e fani	رسم فنی
Gedicht (n)	še'r	شعر
auswendig (Adv)	az hefz	از حفظ
auswendig lernen	az hefz kardan	از حفظ کردن
Ferien (pl)	ta'tilāt	تعطیلات
in den Ferien sein	dar ta'tilāt budan	در تعطیلات بودن
Ferien verbringen	ta'tilāt rā gozarāndan	تعطیلات را گذراندن
Test (m), Prüfung (f)	emtehān	امتحان
Aufsatz (m)	enšā'	انشاء
Diktat (n)	dikte	دیکته
Prüfung (f)	emtehān	امتحان
Prüfungen ablegen	emtehān dādan	امتحان دادن
Experiment (n)	āzmāyeš	آزمایش

95. Hochschule. Universität

Akademie (f)	farhangestān	فرهنگستان
Universität (f)	dānešgāh	دانشگاه
Fakultät (f)	dāneškade	دانشکده
Student (m)	dānešju	دانشجو
Studentin (f)	dānešju	دانشجو
Lehrer (m)	ostād	استاد
Hörsaal (m)	kelās	کلاس
Hochschulabsolvent (m)	fāreqottahsil	فارغ التحصیل
Diplom (n)	diplom	دیپلم
Dissertation (f)	pāyān nāme	پایان نامه
Forschung (f)	tahqiqe elmi	تحقیق علمی
Labor (n)	āzmāyešgāh	آزمایشگاه
Vorlesung (f)	soxanrāni	سخنرانی
Kommilitone (m)	ha mdowre i	هم دوره ای
Stipendium (n)	burse tahsili	بورس تحصیلی
akademischer Grad (m)	daraje-ye elmi	درجۀ علمی

96. Naturwissenschaften. Fächer

Mathematik (f)	riyāziyāt	ریاضیات
Algebra (f)	jabr	جبر
Geometrie (f)	hendese	هندسه
Astronomie (f)	setāre-šenāsi	ستاره شناسی
Biologie (f)	zist-šenāsi	زیست شناسی
Erdkunde (f)	joqrāfiyā	جغرافیا
Geologie (f)	zamin-šenāsi	زمین شناسی
Geschichte (f)	tārix	تاریخ
Medizin (f)	pezeški	پزشکی
Pädagogik (f)	olume tarbiyati	علوم تربیتی
Recht (n)	hoquq	حقوق
Physik (f)	fizik	فیزیک
Chemie (f)	šimi	شیمی
Philosophie (f)	falsafe	فلسفه
Psychologie (f)	ravānšenāsi	روانشناسی

97. Schrift Rechtschreibung

Grammatik (f)	gerāmer	گرامر
Lexik (f)	vājegān	واژگان
Phonetik (f)	sadā-šenāsi	صداشناسی
Substantiv (n)	esm	اسم
Adjektiv (n)	sefat	صفت
Verb (n)	fe'l	فعل
Adverb (n)	qeyd	قید
Pronomen (n)	zamir	ضمیر
Interjektion (f)	harf-e nedā	حرف ندا
Präposition (f)	harf-e ezāfe	حرف اضافه
Wurzel (f)	riše-ye kalame	ریشه کلمه
Endung (f)	pasvand	پسوند
Vorsilbe (f)	pišvand	پیشوند
Silbe (f)	hejā	هجا
Suffix (n), Nachsilbe (f)	pasvand	پسوند
Betonung (f)	fešar-e hejā	فشار هجا
Apostroph (m)	āpostrof	آپوستروف
Punkt (m)	noqte	نقطه
Komma (n)	virgul	ویرگول
Semikolon (n)	noqte virgul	نقطه ویرگول
Doppelpunkt (m)	donoqte	دونقطه
Auslassungspunkte (pl)	čand noqte	چند نقطه
Fragezeichen (n)	alāmat-e soāl	علامت سؤال
Ausrufezeichen (n)	alāmat-e taajjob	علامت تعجب

Anführungszeichen (pl)	giyume	گیومه
in Anführungszeichen	dar giyume	در گیومه
runde Klammern (pl)	parāntez	پرانتز
in Klammern	dar parāntez	در پرانتز
Bindestrich (m)	xatt-e vāsel	خط واصل
Gedankenstrich (m)	xatt-e tire	خط تیره
Leerzeichen (n)	fāsele	فاصله
Buchstabe (m)	harf	حرف
Großbuchstabe (m)	harf-e bozorg	حرف بزرگ
Vokal (m)	sedādār	صدادار
Konsonant (m)	sāmet	صامت
Satz (m)	jomle	جمله
Subjekt (n)	nahād	نهاد
Prädikat (n)	gozāre	گزاره
Zeile (f)	satr	سطر
in einer neuen Zeile	sar-e satr	سر سطر
Absatz (m)	band	بند
Wort (n)	kalame	کلمه
Wortverbindung (f)	ebārat	عبارت
Redensart (f)	bayān	بیان
Synonym (n)	moterādef	مترادف
Antonym (n)	motezād	متضاد
Regel (f)	qā'ede	قاعده
Ausnahme (f)	estesnā	استثنا
richtig (Adj)	sahih	صحیح
Konjugation (f)	sarf	صرف
Deklination (f)	sarf-e kalemāt	صرف کلمات
Kasus (m)	hālat	حالت
Frage (f)	soāl	سؤال
unterstreichen (vt)	xatt kešidan	خط کشیدن
punktierte Linie (f)	noqte čin	نقطه چین

98. Fremdsprachen

Sprache (f)	zabān	زبان
Fremd-	xāreji	خارجی
Fremdsprache (f)	zabān-e xāreji	زبان خارجی
studieren (z.B. Jura ~)	dars xāndan	درس خواندن
lernen (Englisch ~)	yād gereftan	یاد گرفتن
lesen (vi, vt)	xāndan	خواندن
sprechen (vi, vt)	harf zadan	حرف زدن
verstehen (vt)	fahmidan	فهمیدن
schreiben (vi, vt)	neveštan	نوشتن
schnell (Adv)	sari'	سریع
langsam (Adv)	āheste	آهسته

fließend (Adv)	ravān	روان
Regeln (pl)	qavā'ed	قواعد
Grammatik (f)	gerāmer	گرامر
Vokabular (n)	vājegān	واژگان
Phonetik (f)	āvā-šenāsi	آواشناسی

Lehrbuch (n)	ketāb-e darsi	کتاب درسی
Wörterbuch (n)	farhang-e loqat	فرهنگ لغت
Selbstlernbuch (n)	xod-āmuz	خودآموز
Sprachführer (m)	ketāb-e mokāleme	کتاب مکالمه

Kassette (f)	kāst	کاست
Videokassette (f)	kāst-e video	کاست ویدئو
CD (f)	si-di	سی دی
DVD (f)	dey vey dey	دی وی دی

Alphabet (n)	alefbā	الفبا
buchstabieren (vt)	heji kardan	هجی کردن
Aussprache (f)	talaffoz	تلفظ

Akzent (m)	lahje	لهجه
mit Akzent	bā lahje	با لهجه
ohne Akzent	bi lahje	بی لهجه

Wort (n)	kalame	کلمه
Bedeutung (f)	ma'ni	معنی

Kurse (pl)	dowre	دوره
sich einschreiben	nām-nevisi kardan	نام نویسی کردن
Lehrer (m)	ostād	استاد

Übertragung (f)	tarjome	ترجمه
Übersetzung (f)	tarjome	ترجمه
Übersetzer (m)	motarjem	مترجم
Dolmetscher (m)	motarjem-e šafāhi	مترجم شفاهی

Polyglott (m, f)	čand zabāni	چند زبانی
Gedächtnis (n)	hāfeze	حافظه

Erholung. Unterhaltung. Reisen

99. Ausflug. Reisen

Tourismus (m)	gardešgari	گردشگری
Tourist (m)	turist	توریست
Reise (f)	mosāferat	مسافرت
Abenteuer (n)	mājarā	ماجرا
Fahrt (f)	safar	سفر
Urlaub (m)	moraxxasi	مرخصی
auf Urlaub sein	dar moraxassi budan	در مرخصی بودن
Erholung (f)	esterāhat	استراحت
Zug (m)	qatār	قطار
mit dem Zug	bā qatār	با قطار
Flugzeug (n)	havāpeymā	هواپیما
mit dem Flugzeug	bā havāpeymā	با هواپیما
mit dem Auto	bā otomobil	با اتومبیل
mit dem Schiff	dar kešti	با کشتی
Gepäck (n)	bār	بار
Koffer (m)	čamedān	چمدان
Gepäckwagen (m)	čarx-e hamle bar	چرخ حمل بار
Pass (m)	gozarnāme	گذرنامه
Visum (n)	ravādid	روادید
Fahrkarte (f)	belit	بلیط
Flugticket (n)	belit-e havāpeymā	بلیط هواپیما
Reiseführer (m)	ketāb-e rāhnamā	کتاب راهنما
Landkarte (f)	naqše	نقشه
Gegend (f)	mahal	محل
Ort (wunderbarer ~)	jā	جا
Exotika (pl)	qarāyeb	غرایب
exotisch	qarib	غریب
erstaunlich (Adj)	heyrat angiz	حیرت انگیز
Gruppe (f)	goruh	گروه
Ausflug (m)	gardeš	گردش
Reiseleiter (m)	rāhnamā-ye tur	راهنمای تور

100. Hotel

Hotel (n)	hotel	هتل
Motel (n)	motel	متل
drei Sterne	se setāre	سه ستاره

fünf Sterne	panj setāre	پنج ستاره
absteigen (vi)	māndan	ماندن
Hotelzimmer (n)	otāq	اتاق
Einzelzimmer (n)	otāq-e yeknafare	اتاق یک نفره
Zweibettzimmer (n)	otāq-e do nafare	اتاق دو نفره
reservieren (vt)	otāq rezerv kardan	اتاق رزرو کردن
Halbpension (f)	nim pānsiyon	نیم پانسیون
Vollpension (f)	pānsiyon	پانسیون
mit Bad	bā vān	با وان
mit Dusche	bā duš	با دوش
Satellitenfernsehen (n)	televiziyon-e māhvārei	تلویزیون ماهواره ای
Klimaanlage (f)	tahviye-ye matbu'	تهویه مطبوع
Handtuch (n)	howle	حوله
Schlüssel (m)	kelid	کلید
Verwalter (m)	edāre-ye konande	اداره کننده
Zimmermädchen (n)	mostaxdem	مستخدم
Träger (m)	bārbar	باربر
Portier (m)	darbān	دربان
Restaurant (n)	resturān	رستوران
Bar (f)	bār	بار
Frühstück (n)	sobhāne	صبحانه
Abendessen (n)	šām	شام
Buffet (n)	bufe	بوفه
Foyer (n)	lābi	لابی
Aufzug (m), Fahrstuhl (m)	āsānsor	آسانسور
BITTE NICHT STÖREN!	mozāhem našavid	مزاحم نشوید
RAUCHEN VERBOTEN!	sigār kešidan mamnu'	سیگار کشیدن ممنوع

TECHNISCHES ZUBEHÖR. TRANSPORT

Technisches Zubehör

101. Computer

Computer (m)	kāmpiyuter	کامپیوتر
Laptop (m), Notebook (n)	lap tāp	لپ تاپ
einschalten (vt)	rowšan kardan	روشن کردن
abstellen (vt)	xāmuš kardan	خاموش کردن
Tastatur (f)	sahfe kelid	صفحه کلید
Taste (f)	kelid	کلید
Maus (f)	māows	ماوس
Mousepad (n)	māows pad	ماوس پد
Knopf (m)	dokme	دکمه
Cursor (m)	makān namā	مکان نما
Monitor (m)	monitor	مونیتور
Schirm (m)	safhe	صفحه
Festplatte (f)	hārd disk	هارد دیسک
Festplattengröße (f)	hajm-e hard	حجم هارد
Speicher (m)	hāfeze	حافظه
Arbeitsspeicher (m)	hāfeze-ye ram	حافظه رم
Datei (f)	parvande	پرونده
Ordner (m)	puše	پوشه
öffnen (vt)	bāz kardan	باز کردن
schließen (vt)	bastan	بستن
speichern (vt)	zaxire kardan	ذخیره کردن
löschen (vt)	hazf kardan	حذف کردن
kopieren (vt)	kopi kardan	کپی کردن
sortieren (vt)	tabaqe bandi kardan	طبقه بندی کردن
transferieren (vt)	kopi kardan	کپی کردن
Programm (n)	barnāme	برنامه
Software (f)	narm afzār	نرم افزار
Programmierer (m)	barnāme-ye nevis	برنامه نویس
programmieren (vt)	barnāme-nevisi kardan	برنامه نویسی کردن
Hacker (m)	haker	هکر
Kennwort (n)	kalame-ye obur	کلمه عبور
Virus (m, n)	virus	ویروس
entdecken (vt)	peydā kardan	پیدا کردن
Byte (n)	bāyt	بایت

Megabyte (n)	megābāyt	مگابایت
Daten (pl)	dāde-hā	داده ها
Datenbank (f)	pāygāh dāde-hā	پایگاه داده ها

Kabel (n)	kābl	کابل
trennen (vt)	jodā kardan	جدا کردن
anschließen (vt)	vasl kardan	وصل کردن

102. Internet. E-Mail

Internet (n)	internet	اینترنت
Browser (m)	morurgar	مرورگر
Suchmaschine (f)	motor-e jostoju	موتور جستجو
Provider (m)	erāe-ye dehande	ارائه دهنده

Webmaster (m)	tarrāh-e vebsāyt	طراح وب سایت
Website (f)	veb-sāyt	وب سایت
Webseite (f)	safhe-ye veb	صفحه وب

| Adresse (f) | nešāni | نشانی |
| Adressbuch (n) | daftarče-ye nešāni | دفترچه نشانی |

Mailbox (f)	sanduq-e post	صندوق پست
Post (f)	post	پست
überfüllt (-er Briefkasten)	por	پر

Mitteilung (f)	payām	پیام
eingehenden Nachrichten	payāmhā-ye vorudi	پیامهای ورودی
ausgehenden Nachrichten	payāmhā-ye xoruji	پیامهای خروجی

Absender (m)	ferestande	فرستنده
senden (vt)	ferestādan	فرستادن
Absendung (f)	ersāl	ارسال

| Empfänger (m) | girande | گیرنده |
| empfangen (vt) | gereftan | گرفتن |

| Briefwechsel (m) | mokātebe | مکاتبه |
| im Briefwechsel stehen | mokātebe kardan | مکاتبه کردن |

Datei (f)	parvande	پرونده
herunterladen (vt)	dānlod kardan	دانلود کردن
schaffen (vt)	ijād kardan	ایجاد کردن
löschen (vt)	hazf kardan	حذف کردن
gelöscht (Datei)	hazf šode	حذف شده

Verbindung (f)	ertebāt	ارتباط
Geschwindigkeit (f)	sor'at	سرعت
Modem (n)	modem	مودم
Zugang (m)	dastyābi	دستیابی
Port (m)	dargāh	درگاه

| Anschluss (m) | ertebāt | ارتباط |
| sich anschließen | vasl šodan | وصل شدن |

auswählen (vt)	entexāb kardan	انتخاب کردن
suchen (vt)	jostoju kardan	جستجو کردن

103. Elektrizität

Elektrizität (f)	barq	برق
elektrisch	barqi	برقی
Elektrizitätswerk (n)	nirugāh	نیروگاه
Energie (f)	enerži	انرژی
Strom (m)	niru-ye barq	نیروی برق
Glühbirne (f)	lāmp	لامپ
Taschenlampe (f)	čerāq-e dasti	چراغ دستی
Straßenlaterne (f)	čerāq-e barq	چراغ برق
Licht (n)	nur	نور
einschalten (vt)	rowšan kardan	روشن کردن
ausschalten (vt)	xāmuš kardan	خاموش کردن
das Licht ausschalten	čerāq rā xāmuš kardan	چراغ را خاموش کردن
durchbrennen (vi)	suxtan	سوختن
Kurzschluss (m)	ettesāli	اتصالی
Riß (m)	sim qat' šode	سیم قطع شده
Kontakt (m)	tamās	تماس
Schalter (m)	kelid	کلید
Steckdose (f)	periz	پریز
Stecker (m)	došāxe	دوشاخه
Verlängerung (f)	sim-e sayār	سیم سیار
Sicherung (f)	fiyuz	فیوز
Leitungsdraht (m)	sim	سیم
Verdrahtung (f)	sim keši	سیم کشی
Ampere (n)	āmper	آمپر
Stromstärke (f)	šeddat-e jaryān	شدت جریان
Volt (n)	volt	ولت
Voltspannung (f)	voltāž	ولتاژ
Elektrogerät (n)	vasile-ye barqi	وسیله برقی
Indikator (m)	šāxes	شاخص
Elektriker (m)	barq-e kār	برق کار
löten (vt)	lahim kardan	لحیم کردن
Lötkolben (m)	hoviye	هویه
Strom (m)	jaryān-e barq	جریان برق

104. Werkzeug

Werkzeug (n)	abzār	ابزار
Werkzeuge (pl)	abzār	ابزار
Ausrüstung (f)	tajhizāt	تجهیزات

Hammer (m)	čakoš	چکش
Schraubenzieher (m)	pič gušti	پیچ گوشتی
Axt (f)	tabar	تبر
Säge (f)	arre	اره
sägen (vt)	arre kardan	اره کردن
Hobel (m)	rande	رنده
hobeln (vt)	rande kardan	رنده کردن
Lötkolben (m)	hoviye	هویه
löten (vt)	lahim kardan	لحیم کردن
Feile (f)	sowhān	سوهان
Kneifzange (f)	gāzanbor	گازانبر
Flachzange (f)	anbordast	انبردست
Stemmeisen (n)	eskene	اسکنه
Bohrer (m)	sar-matte	سرمته
Bohrmaschine (f)	matte barqi	مته برقی
bohren (vt)	surāx kardan	سوراخ کردن
Messer (n)	kārd	کارد
Taschenmesser (n)	čāqu-ye jibi	چاقوی جیبی
Klinge (f)	tiqe	تیغه
scharf (-e Messer usw.)	tiz	تیز
stumpf	konad	کند
stumpf werden (vi)	konad šodan	کند شدن
schärfen (vt)	tiz kardan	تیز کردن
Bolzen (m)	pič	پیچ
Mutter (f)	mohre	مهره
Gewinde (n)	šiyār	شیار
Holzschraube (f)	pič	پیچ
Nagel (m)	mix	میخ
Nagelkopf (m)	sar-e mix	سر میخ
Lineal (n)	xat keš	خط کش
Metermaß (n)	metr	متر
Wasserwaage (f)	tarāz	تراز
Lupe (f)	zarre bin	ذره بین
Messinstrument (n)	abzār-e andāzegir-i	ابزاراندازه گیری
messen (vt)	andāze gereftan	اندازه گرفتن
Skala (f)	safhe-ye modarraj	صفحهٔ مدرج
Ablesung (f)	dastgāh-e xaneš	دستگاه خوانش
Kompressor (m)	komperesor	کمپرسور
Mikroskop (n)	mikroskop	میکروسکوپ
Pumpe (f)	pomp	پمپ
Roboter (m)	robāt	روبات
Laser (m)	leyzer	لیزر
Schraubenschlüssel (m)	āčār	آچار
Klebeband (n)	navār-e časb	نوار چسب

Klebstoff (m)	časb	چسب
Sandpapier (n)	kāqaz-e sonbāde	کاغذ سنباده
Sprungfeder (f)	fanar	فنر
Magnet (m)	āhan-e robā	آهن ربا
Handschuhe (pl)	dastkeš	دستکش

Leine (f)	tanāb	طناب
Schnur (f)	band	بند
Draht (m)	sim	سیم
Kabel (n)	kābl	کابل

schwerer Hammer (m)	potk	پتک
Brecheisen (n)	deylam	دیلم
Leiter (f)	nardebān	نردبان
Trittleiter (f)	nardebān-e sabok	نردبان سبک

zudrehen (vt)	pič kardan	پیچ کردن
abdrehen (vt)	bāz kardan	باز کردن
zusammendrücken (vt)	fešordan	فشردن
ankleben (vt)	časbāndan	چسباندن
schneiden (vt)	boridan	بریدن

Störung (f)	xarābi	خرابی
Reparatur (f)	ta'mir	تعمیر
reparieren (vt)	ta'mir kardan	تعمیر کردن
einstellen (vt)	tanzim kardan	تنظیم کردن

prüfen (vt)	barresi kardan	بررسی کردن
Prüfung (f)	barresi	بررسی
Ablesung (f)	dastgāh-e xaneš	دستگاه خوانش

| sicher (zuverlässigen) | motmaen | مطمئن |
| kompliziert (Adj) | pičide | پیچیده |

verrosten (vi)	zang zadan	زنگ زدن
rostig	zang zade	زنگ زده
Rost (m)	zang	زنگ

Transport

105. Flugzeug

Deutsch	Persisch (Transliteration)	Persisch
Flugzeug (n)	havāpeymā	هواپیما
Flugticket (n)	belit-e havāpeymā	بلیط هواپیما
Fluggesellschaft (f)	šerkat-e havāpeymāyi	شرکت هواپیمایی
Flughafen (m)	forudgāh	فرودگاه
Überschall-	māvarā sowt	ماوراء صوت
Flugkapitän (m)	kāpitān	کاپیتان
Besatzung (f)	xadame	خدمه
Pilot (m)	xalabān	خلبان
Flugbegleiterin (f)	mehmāndār-e havāpeymā	مهماندار هواپیما
Steuermann (m)	nāvbar	ناوبر
Flügel (pl)	bāl-hā	بال ها
Schwanz (m)	dam	دم
Kabine (f)	kābin	کابین
Motor (m)	motor	موتور
Fahrgestell (n)	šāssi	شاسی
Turbine (f)	turbin	توربین
Propeller (m)	parvāne	پروانه
Flugschreiber (m)	ja'be-ye siyāh	جعبه سیاه
Steuerrad (n)	farmān	فرمان
Treibstoff (m)	suxt	سوخت
Sicherheitskarte (f)	dasturol'amal	دستورالعمل
Sauerstoffmaske (f)	māsk-e oksižen	ماسک اکسیژن
Uniform (f)	oniform	اونیفورم
Rettungsweste (f)	jeliqe-ye nejāt	جلیقة نجات
Fallschirm (m)	čatr-e nejāt	چترنجات
Abflug, Start (m)	parvāz	پرواز
starten (vi)	parvāz kardan	پرواز کردن
Startbahn (f)	bānd-e forudgāh	باند فرودگاه
Sicht (f)	meydān did	میدان دید
Flug (m)	parvāz	پرواز
Höhe (f)	ertefā'	ارتفاع
Luftloch (n)	čāle-ye havāyi	چاله هوایی
Platz (m)	jā	جا
Kopfhörer (m)	guši	گوشی
Klapptisch (m)	sini-ye tāšow	سینی تاشو
Bullauge (n)	panjere	پنجره
Durchgang (m)	rāhrow	راهرو

106. Zug

Zug (m)	qatār	قطار
elektrischer Zug (m)	qatār-e barqi	قطار برقی
Schnellzug (m)	qatār-e sari'osseyr	قطارسریع السیر
Diesellok (f)	lokomotiv-e dizel	لوکوموتیو دیزل
Dampflok (f)	lokomotiv-e boxar	لوکوموتیو بخار
Personenwagen (m)	vāgon	واگن
Speisewagen (m)	vāgon-e resturān	واگن رستوران
Schienen (pl)	reyl-hā	ریل ها
Eisenbahn (f)	rāh āhan	راه آهن
Bahnschwelle (f)	reyl-e band	ریل بند
Bahnsteig (m)	sakku-ye rāh-āhan	سکوی راه آهن
Gleis (n)	masir	مسیر
Eisenbahnsignal (n)	nešanar	نشانبر
Station (f)	istgāh	ایستگاه
Lokomotivführer (m)	rānande	راننده
Träger (m)	bārbar	باربر
Schaffner (m)	rāhnamā-ye qatār	راهنمای قطار
Fahrgast (m)	mosāfer	مسافر
Fahrkartenkontrolleur (m)	kontorol či	کنترل چی
Flur (m)	rāhrow	راهرو
Notbremse (f)	tormoz-e ezterāri	ترمز اضطراری
Abteil (n)	kupe	کوپه
Liegeplatz (m), Schlafkoje (f)	taxt-e kupe	تخت کوپه
oberer Liegeplatz (m)	taxt-e bālā	تخت بالا
unterer Liegeplatz (m)	taxt-e pāyin	تخت پایین
Bettwäsche (f)	raxt-e xāb	رخت خواب
Fahrkarte (f)	belit	بلیط
Fahrplan (m)	barnāme	برنامه
Anzeigetafel (f)	barnāme-ye zamāni	برنامه زمانی
abfahren (der Zug)	tark kardan	ترک کردن
Abfahrt (f)	harekat	حرکت
ankommen (der Zug)	residan	رسیدن
Ankunft (f)	vorud	ورود
mit dem Zug kommen	bā qatār āmadan	با قطار آمدن
in den Zug einsteigen	savār-e qatār šodan	سوار قطار شدن
aus dem Zug aussteigen	az qatār piyāde šodan	از قطار پیاده شدن
Zugunglück (n)	sānehe	سانحه
entgleisen (vi)	az xat xārej šodan	از خط خارج شدن
Dampflok (f)	lokomotiv-e boxar	لوکوموتیو بخار
Heizer (m)	ātaškār	آتشکار
Feuerbüchse (f)	ātašdān	آتشدان
Kohle (f)	zoqāl sang	زغال سنگ

107. Schiff

Schiff (n)	kešti	کشتی
Fahrzeug (n)	kešti	کشتی
Dampfer (m)	kešti-ye boxāri	کشتی بخاری
Motorschiff (n)	qāyeq-e rudxāne	قایق رودخانه
Kreuzfahrtschiff (n)	kešti-ye tafrihi	کشتی تفریحی
Kreuzer (m)	razm nāv	رزم ناو
Jacht (f)	qāyeq-e tafrihi	قایق تفریحی
Schlepper (m)	yadak keš	یدک کش
Lastkahn (m)	kešti-ye bārkeše yadaki	کشتی بارکش یدکی
Fähre (f)	kešti-ye farābar	کشتی فرابر
Segelschiff (n)	kešti-ye bādbāni	کشتی بادبانی
Brigantine (f)	košti dozdān daryā-yi	کشتی دزدان دریایی
Eisbrecher (m)	kešti-ye yaxšekan	کشتی یخ شکن
U-Boot (n)	zirdaryāyi	زیردریایی
Boot (n)	qāyeq	قایق
Dingi (n), Beiboot (n)	qāyeq-e tafrihi	قایق تفریحی
Rettungsboot (n)	qāyeq-e nejāt	قایق نجات
Motorboot (n)	qāyeq-e motori	قایق موتوری
Kapitän (m)	kāpitān	کاپیتان
Matrose (m)	malavān	ملوان
Seemann (m)	malavān	ملوان
Besatzung (f)	xadame	خدمه
Bootsmann (m)	sar malavān	سر ملوان
Schiffsjunge (m)	šāgerd-e malavān	شاگرد ملوان
Schiffskoch (m)	āšpaz-e kešti	آشپز کشتی
Schiffsarzt (m)	pezešk-e kešti	پزشک کشتی
Deck (n)	arše-ye kešti	عرشۀ کشتی
Mast (m)	dakal	دکل
Segel (n)	bādbān	بادبان
Schiffsraum (m)	anbār	انبار
Bug (m)	sine-ye kešti	سینه کشتی
Heck (n)	aqab kešti	عقب کشتی
Ruder (n)	pāru	پارو
Schraube (f)	parvāne	پروانه
Kajüte (f)	otāq-e kešti	اتاق کشتی
Messe (f)	otāq-e afsarān	اتاق افسران
Maschinenraum (m)	motor xāne	موتور خانه
Kommandobrücke (f)	pol-e farmāndehi	پل فرماندهی
Funkraum (m)	kābin-e bisim	کابین بی سیم
Radiowelle (f)	mowj	موج
Schiffstagebuch (n)	roxdād nāme	رخداد نامه
Fernrohr (n)	teleskop	تلسکوپ
Glocke (f)	nāqus	ناقوس

Deutsch	Persisch (Transliteration)	Persisch
Fahne (f)	parčam	پرچم
Seil (n)	tanāb	طناب
Knoten (m)	gereh	گره
Geländer (n)	narde	نرده
Treppe (f)	pol	پل
Anker (m)	langar	لنگر
den Anker lichten	langar kešidan	لنگر کشیدن
Anker werfen	langar andāxtan	لنگر انداختن
Ankerkette (f)	zanjir-e langar	زنجیر لنگر
Hafen (m)	bandar	بندر
Anlegestelle (f)	eskele	اسکله
anlegen (vi)	pahlu gereftan	پهلو گرفتن
abstoßen (vt)	tark kardan	ترک کردن
Reise (f)	mosāferat	مسافرت
Kreuzfahrt (f)	safar-e daryāyi	سفر دریایی
Kurs (m), Richtung (f)	masir	مسیر
Reiseroute (f)	masir	مسیر
Fahrwasser (n)	kešti-ye ru	کشتی رو
Untiefe (f)	mahall-e kam omq	محل کم عمق
stranden (vi)	be gel nešastan	به گل نشستن
Sturm (m)	tufān	طوفان
Signal (n)	alāmat	علامت
untergehen (vi)	qarq šodan	غرق شدن
Mann über Bord!	kas-i dar hāl-e qarq šodan-ast!	کسی در حال غرق شدن است!
SOS	sos	SOS
Rettungsring (m)	kamarband-e nejāt	کمربند نجات

108. Flughafen

Deutsch	Persisch (Transliteration)	Persisch
Flughafen (m)	forudgāh	فرودگاه
Flugzeug (n)	havāpeymā	هواپیما
Fluggesellschaft (f)	šerkat-e havāpeymāyi	شرکت هواپیمایی
Fluglotse (m)	ma'mur-e kontorol-e terāfik-e havāyi	مأمور کنترل ترافیک هوایی
Abflug (m)	azimat	عزیمت
Ankunft (f)	vorud	ورود
anfliegen (vi)	residan	رسیدن
Abflugzeit (f)	zamān-e parvāz	زمان پرواز
Ankunftszeit (f)	zamān-e vorud	زمان ورود
sich verspäten	ta'xir kardan	تأخیر کردن
Abflugverspätung (f)	ta'xir-e parvāz	تأخیر پرواز
Anzeigetafel (f)	tāblo-ye ettelā'āt	تابلوی اطلاعات
Information (f)	ettelā'āt	اطلاعات

ankündigen (vt)	e'lām kardan	اعلام کردن
Flug (m)	parvāz	پرواز
Zollamt (n)	gomrok	گمرک
Zollbeamter (m)	ma'mur-e gomrok	مأمور گمرک
Zolldeklaration (f)	ežhār-nāme	اظهارنامه
ausfüllen (vt)	por kardan	پر کردن
die Zollerklärung ausfüllen	ezhār-nāme rā por kardan	اظهارنامه را پر کردن
Passkontrolle (f)	kontorol-e gozarnāme	کنترل گذرنامه
Gepäck (n)	bār	بار
Handgepäck (n)	bār-e dasti	بار دستی
Kofferkuli (m)	čarx-e hamle bar	چرخ حمل بار
Landung (f)	forud	فرود
Landebahn (f)	bānd-e forudgāh	باند فرودگاه
landen (vi)	nešastan	نشستن
Fluggasttreppe (f)	pellekān	پلکان
Check-in (n)	ček in	چک این
Check-in-Schalter (m)	bāje-ye kontorol	باجه کنترل
sich registrieren lassen	čekin kardan	چکاین کردن
Bordkarte (f)	kārt-e parvāz	کارت پرواز
Abfluggate (n)	gi-yat xoruj	گیت خروج
Transit (m)	terānzit	ترانزیت
warten (vi)	montazer budan	منتظر بودن
Wartesaal (m)	tālār-e entezār	تالار انتظار
begleiten (vt)	badraqe kardan	بدرقه کردن
sich verabschieden	xodāhāfezi kardan	خداحافظی کردن

Lebensereignisse

109. Feiertage. Ereignis

Fest (n)	jašn	جشن
Nationalfeiertag (m)	eyd-e melli	عید ملی
Feiertag (m)	ruz-e jašn	روز جشن
feiern (vt)	jašn gereftan	جشن گرفتن
Ereignis (n)	vāqe'e	واقعه
Veranstaltung (f)	ruydād	رویداد
Bankett (n)	ziyāfat	ضیافت
Empfang (m)	ziyāfat	ضیافت
Festmahl (n)	jašn	جشن
Jahrestag (m)	sālgard	سالگرد
Jubiläumsfeier (f)	sālgard	سالگرد
begehen (vt)	jašn gereftan	جشن گرفتن
Neujahr (n)	sāl-e now	سال نو
Frohes Neues Jahr!	sāl-e now mobārak	سال نو مبارک
Weihnachtsmann (m)	bābā noel	بابا نوئل
Weihnachten (n)	kerismas	کریسمس
Frohe Weihnachten!	kerismas mobārak!	کریسمس مبارک!
Tannenbaum (m)	kāj kerismas	کاج کریسمس
Feuerwerk (n)	ātaš-e bāzi	آتش بازی
Hochzeit (f)	arusi	عروسی
Bräutigam (m)	dāmād	داماد
Braut (f)	arus	عروس
einladen (vt)	da'vat kardan	دعوت کردن
Einladung (f)	da'vatnāme	دعوتنامه
Gast (m)	mehmān	مهمان
besuchen (vt)	be mehmāni raftan	به مهمانی رفتن
Gäste empfangen	az mehmānān esteqbāl kardan	از مهمانان استقبال کردن
Geschenk (n)	hedye	هدیه
schenken (vt)	hadye dādan	هدیه دادن
Geschenke bekommen	hediye gereftan	هدیه گرفتن
Blumenstrauß (m)	daste-ye gol	دسته گل
Glückwunsch (m)	tabrik	تبریک
gratulieren (vi)	tabrik goftan	تبریک گفتن
Glückwunschkarte (f)	kārt-e tabrik	کارت تبریک
eine Karte abschicken	kārt-e tabrik ferestādan	کارت تبریک فرستادن

eine Karte erhalten	kārt-e tabrik gereftan	کارت تبریک گرفتن
Trinkspruch (m)	be salāmati-ye kas-i nušidan	به سلامتی کسی نوشیدن
anbieten (vt)	pazirāyi kardan	پذیرایی کردن
Champagner (m)	šāmpāyn	شامپاین
sich amüsieren	šādi kardan	شادی کردن
Fröhlichkeit (f)	šādi	شادی
Freude (f)	maserrat	مسرت
Tanz (m)	raqs	رقص
tanzen (vi, vt)	raqsidan	رقصیدن
Walzer (m)	raqs-e vāls	رقص والس
Tango (m)	raqs tāngo	رقص تانگو

110. Bestattungen. Begräbnis

Friedhof (m)	qabrestān	قبرستان
Grab (n)	qabr	قبر
Kreuz (n)	salib	صلیب
Grabstein (m)	sang-e qabr	سنگ قبر
Zaun (m)	hesār	حصار
Kapelle (f)	kelisā-ye kučak	کلیسای کوچک
Tod (m)	marg	مرگ
sterben (vi)	mordan	مردن
Verstorbene (m)	marhum	مرحوم
Trauer (f)	azā	عزا
begraben (vt)	dafn kardan	دفن کردن
Bestattungsinstitut (n)	xadamat-e kafno dafn	خدمات کفن و دفن
Begräbnis (n)	tašyi-'e jenāze	تشییع جنازه
Kranz (m)	tāj-e gol	تاج گل
Sarg (m)	tābut	تابوت
Katafalk (m)	na'š keš	نعش کش
Totenhemd (n)	kafan	کفن
Trauerzug (m)	tašyi-'e jenāze	تشییع جنازه
Urne (f)	zarf-e xākestar-e morde	ظرف خاکستر مرده
Krematorium (n)	morde suz xāne	مرده سوز خانه
Nachruf (m)	āgahi-ye tarhim	آگهی ترحیم
weinen (vi)	gerye kardan	گریه کردن
schluchzen (vi)	zār zār gerye kardan	زار زار گریه کردن

111. Krieg. Soldaten

Zug (m)	daste	دسته
Kompanie (f)	goruhān	گروهان
Regiment (n)	hang	هنگ
Armee (f)	arteš	ارتش

Deutsch	Persisch (Transliteration)	Persisch
Division (f)	laškar	لشکر
Abteilung (f)	daste	دسته
Heer (n)	laškar	لشکر
Soldat (m)	sarbāz	سرباز
Offizier (m)	afsar	افسر
Soldat (m)	sarbāz	سرباز
Feldwebel (m)	goruhbān	گروهبان
Leutnant (m)	sotvān	ستوان
Hauptmann (m)	kāpitān	کاپیتان
Major (m)	sargord	سرگرد
Oberst (m)	sarhang	سرهنگ
General (m)	ženerāl	ژنرال
Matrose (m)	malavān	ملوان
Kapitän (m)	kāpitān	کاپیتان
Bootsmann (m)	sar malavān	سر ملوان
Artillerist (m)	tupči	توپچی
Fallschirmjäger (m)	sarbāz-e čatrbāz	سرباز چترباز
Pilot (m)	xalabān	خلبان
Steuermann (m)	nāvbar	ناویر
Mechaniker (m)	mekānik	مکانیک
Pionier (m)	mohandes estehkāmāt	مهندس استحکامات
Fallschirmspringer (m)	čatr bāz	چترباز
Aufklärer (m)	ettelā'āti	اطلاعاتی
Scharfschütze (m)	tak tir andāz	تک تیر انداز
Patrouille (f)	gašt	گشت
patrouillieren (vi)	gašt zadan	گشت زدن
Wache (f)	negahbān	نگهبان
Krieger (m)	jangju	جنگجو
Patriot (m)	mihan parast	میهن پرست
Held (m)	qahremān	قهرمان
Heldin (f)	qahremān-e zan	قهرمان زن
Verräter (m)	xāen	خائن
verraten (vt)	xiyānat kardan	خیانت کردن
Deserteur (m)	farāri	فراری
desertieren (vi)	farāri budan	فراری بودن
Söldner (m)	mozdur	مزدور
Rekrut (m)	sarbāz-e jadid	سرباز جدید
Freiwillige (m)	dāvtalab	داوطلب
Getoetete (m)	morde	مرده
Verwundete (m)	zaxmi	زخمی
Kriegsgefangene (m)	asir	اسیر

112. Krieg. Militärische Aktionen. Teil 1

Krieg (m)	jang	جنگ
Krieg führen	jangidan	جنگیدن
Bürgerkrieg (m)	jang-e dāxeli	جنگ داخلی
heimtückisch (Adv)	xāenāne	خائنانه
Kriegserklärung (f)	eʻlān-e jang	اعلان جنگ
erklären (den Krieg ~)	eʻlān kardan	اعلان کردن
Aggression (f)	tajāvoz	تجاوز
einfallen (Staat usw.)	hamle kardan	حمله کردن
einfallen (in ein Land ~)	tajāvoz kardan	تجاوز کردن
Invasoren (pl)	tajāvozgar	تجاوزگر
Eroberer (m), Sieger (m)	fāteh	فاتح
Verteidigung (f)	defāʻ	دفاع
verteidigen (vt)	defāʻ kardan	دفاع کردن
sich verteidigen	az xod defāʻ kardan	از خود دفاع کردن
Feind (m)	došman	دشمن
Gegner (m)	moxālef	مخالف
Feind-	došman	دشمن
Strategie (f)	rāhbord	راهبرد
Taktik (f)	tāktik	تاکتیک
Befehl (m)	farmān	فرمان
Anordnung (f)	dastur	دستور
befehlen (vt)	farmān dādan	فرمان دادن
Auftrag (m)	maʻmuriyat	مأموریت
geheim (Adj)	mahramāne	محرمانه
Schlacht (f)	jang	جنگ
Kampf (m)	nabard	نبرد
Angriff (m)	hamle	حمله
Sturm (m)	yureš	یورش
stürmen (vt)	yureš bordan	یورش بردن
Belagerung (f)	mohāsere	محاصره
Angriff (m)	hamle	حمله
angreifen (vt)	hamle kardan	حمله کردن
Rückzug (m)	aqab nešini	عقب نشینی
sich zurückziehen	aqab nešini kardan	عقب نشینی کردن
Einkesselung (f)	mohāsere	محاصره
einkesseln (vt)	mohāsere kardan	محاصره کردن
Bombenangriff (m)	bombārān-e havāyi	بمباران هوایی
eine Bombe abwerfen	bomb āndaxtan	بمب انداختن
bombardieren (vt)	bombārān kardan	بمباران کردن
Explosion (f)	enfejār	انفجار
Schuss (m)	tirandāzi	تیراندازی

schießen (vt)	tirandāzi kardan	تیراندازی کردن
Schießerei (f)	tirandāzi	تیراندازی
zielen auf ...	nešāne raftan	نشانه رفتن
richten (die Waffe)	šhellik kardan	شلیک کردن
treffen (ins Schwarze ~)	residan	رسیدن
versenken (vt)	qarq šodan	غرق شدن
Loch (im Schiffsrumpf)	surāx	سوراخ
versinken (Schiff)	qarq šodan	غرق شدن
Front (f)	jebhe	جبهه
Evakuierung (f)	taxliye	تخلیه
evakuieren (vt)	taxliye kardan	تخلیه کردن
Schützengraben (m)	sangar	سنگر
Stacheldraht (m)	sim-e xārdār	سیم خاردار
Sperre (z.B. Panzersperre)	hesār	حصار
Wachtturm (m)	borj	برج
Lazarett (n)	bimārestān-e nezāmi	بیمارستان نظامی
verwunden (vt)	majruh kardan	مجروح کردن
Wunde (f)	zaxm	زخم
Verwundete (m)	zaxmi	زخمی
verletzt sein	zaxmi šodan	زخمی شدن
schwer (-e Verletzung)	zaxm-e saxt	زخم سخت

113. Krieg. Militärische Aktionen. Teil 2

Gefangenschaft (f)	esārat	اسارت
gefangen nehmen (vt)	be esārat gereftan	به اسارت گرفتن
in Gefangenschaft sein	dar esārat budan	در اسارت بودن
in Gefangenschaft geraten	be esārat oftādan	به اسارت افتادن
Konzentrationslager (n)	ordugāh-e kār-e ejbāri	اردوگاه کار اجباری
Kriegsgefangene (m)	asir	اسیر
fliehen (vi)	farār kardan	فرار کردن
verraten (vt)	xiyānat kardan	خیانت کردن
Verräter (m)	xāen	خائن
Verrat (m)	xiyānat	خیانت
erschießen (vt)	tirbārān kardan	تیرباران کردن
Erschießung (f)	tirbārān	تیرباران
Ausrüstung (persönliche ~)	uniform	یونیفرم
Schulterstück (n)	daraje-ye sarduši	درجه سردوشی
Gasmaske (f)	māsk-e zedd-e gāz	ماسک ضد گاز
Funkgerät (n)	dastgāh-e bisim	دستگاه بی سیم
Chiffre (f)	ramz	رمز
Geheimhaltung (f)	mahramāne budan	محرمانه بودن
Kennwort (n)	ramz	رمز
Mine (f)	min	مین

Minen legen	min gozāštan	مین گذاشتن
Minenfeld (n)	meydān-e min	میدان مین
Luftalarm (m)	āžir-e havāyi	آژیر هوایی
Alarm (m)	āžir	آژیر
Signal (n)	alāmat	علامت
Signalrakete (f)	monavvar	منور
Hauptquartier (n)	setād	ستاد
Aufklärung (f)	šenāsāyi	شناسایی
Lage (f)	vaz'iyat	وضعیت
Bericht (m)	gozāreš	گزارش
Hinterhalt (m)	kamin	کمین
Verstärkung (f)	taqviyat	تقویت
Zielscheibe (f)	hadaf giri	هدف گیری
Schießplatz (m)	meydān-e tir	میدان تیر
Manöver (n)	mānovr	مانور
Panik (f)	vahšat	وحشت
Verwüstung (f)	xarābi	خرابی
Trümmer (pl)	xarābi-hā	خرابی ها
zerstören (vt)	xarāb kardan	خراب کردن
überleben (vi)	zende māndan	زنده ماندن
entwaffnen (vt)	xal'-e selāh kardan	خلع سلاح کردن
handhaben (vt)	be kār bordan	به کار بردن
Stillgestanden!	xabardār!	خبردار!
Rühren!	āzād!	آزاد!
Heldentat (f)	delāvari	دلاوری
Eid (m), Schwur (m)	sowgand	سوگند
schwören (vi, vt)	sowgand xordan	سوگند خوردن
Lohn (Orden, Medaille)	pādāš	پاداش
auszeichnen (mit Orden)	medāl dādan	مدال دادن
Medaille (f)	medāl	مدال
Orden (m)	nešān	نشان
Sieg (m)	piruzi	پیروزی
Niederlage (f)	šekast	شکست
Waffenstillstand (m)	ātaš bas	آتش بس
Fahne (f)	parčam	پرچم
Ruhm (m)	eftexār	افتخار
Parade (f)	reže	رژه
marschieren (vi)	reže raftan	رژه رفتن

114. Waffen

Waffe (f)	selāh	سلاح
Schusswaffe (f)	aslahe-ye garm	اسلحهٔ گرم
blanke Waffe (f)	aslahe-ye sard	اسلحهٔ سرد

chemischen Waffen (pl)	taslihāt-e šimiyāyi	تسلیحات شیمیایی
Kern-, Atom-	haste i	هسته ای
Kernwaffe (f)	taslihāt-e hastei	تسلیحات هسته ای
Bombe (f)	bomb	بمب
Atombombe (f)	bomb-e atomi	بمب اتمی
Pistole (f)	kolt	کلت
Gewehr (n)	tofang	تفنگ
Maschinenpistole (f)	mosalsal-e xodkār	مسلسل خودکار
Maschinengewehr (n)	mosalsal	مسلسل
Mündung (f)	sar-e lule-ye tofang	سر لوله تفنگ
Lauf (Gewehr-)	lule-ye tofang	لوله تفنگ
Kaliber (n)	kālibr	کالیبر
Abzug (m)	māše	ماشه
Visier (n)	nešāne ravi	نشانه روی
Magazin (n)	xešāb	خشاب
Kolben (m)	qondāq	قنداق
Handgranate (f)	nārenjak	نارنجک
Sprengstoff (m)	mādde-ye monfajere	ماده منفجره
Kugel (f)	golule	گلوله
Patrone (f)	fešang	فشنگ
Ladung (f)	mohemmāt	مهمات
Munition (f)	mohemmāt	مهمات
Bomber (m)	bomb-afkan	بمب‌افکن
Kampfflugzeug (n)	jangande	جنگنده
Hubschrauber (m)	helikopter	هلیکوپتر
Flugabwehrkanone (f)	tup-e zedd-e havāyi	توپ ضد هوایی
Panzer (m)	tānk	تانک
Panzerkanone (f)	tup	توپ
Artillerie (f)	tupxāne	توپخانه
Kanone (f)	tofang	تفنگ
richten (die Waffe)	šellik kardan	شلیک کردن
Geschoß (n)	xompāre	خمپاره
Wurfgranate (f)	xompāre	خمپاره
Granatwerfer (m)	xompāre andāz	خمپاره انداز
Splitter (m)	tarkeš	ترکش
U-Boot (n)	zirdaryāyi	زیردریایی
Torpedo (m)	eždar	اژدر
Rakete (f)	mušak	موشک
laden (Gewehr)	por kardan	پر کردن
schießen (vi)	tirandāzi kardan	تیراندازی کردن
zielen auf ...	nešāne raftan	نشانه رفتن
Bajonett (n)	sarneyze	سرنیزه
Degen (m)	šamšir	شمشیر
Säbel (m)	šamšir	شمشیر

Speer (m)	neyze	نیزه
Bogen (m)	kamān	کمان
Pfeil (m)	tir	تیر
Muskete (f)	tofang fetile-i	تفنگ فتیله‌ای
Armbrust (f)	kamān zanburak-i	کمان زنبورکی

115. Menschen der Antike

vorzeitlich	avvaliye	اولیه
prähistorisch	piš az tārix	پیش از تاریخ
alt (antik)	qadimi	قدیمی
Steinzeit (f)	asr-e hajar	عصر حجر
Bronzezeit (f)	asr-e mafraq	عصر مفرغ
Eiszeit (f)	dowre-ye yaxbandān	دورهٔ یخبندان
Stamm (m)	qabile	قبیله
Kannibale (m)	ādam xār	آدم خوار
Jäger (m)	šekārči	شکارچی
jagen (vi)	šekār kardan	شکار کردن
Mammut (n)	māmut	ماموت
Höhle (f)	qār	غار
Feuer (n)	ātaš	آتش
Lagerfeuer (n)	ātaš	آتش
Höhlenmalerei (f)	qār negāre	غار نگاره
Werkzeug (n)	abzār-e kār	ابزار کار
Speer (m)	neyze	نیزه
Steinbeil (n), Steinaxt (f)	tabar-e sangi	تبر سنگی
Krieg führen	jangidan	جنگیدن
domestizieren (vt)	rām kardan	رام کردن
Idol (n)	bot	بت
anbeten (vt)	parastidan	پرستیدن
Aberglaube (m)	xorāfe	خرافه
Brauch (m), Ritus (m)	marāsem	مراسم
Evolution (f)	takāmol	تکامل
Entwicklung (f)	pišraft	پیشرفت
Verschwinden (n)	enqerāz	انقراض
sich anpassen	sāzgār šodan	سازگار شدن
Archäologie (f)	bāstān-šenāsi	باستان شناسی
Archäologe (m)	bāstān-šenās	باستان شناس
archäologisch	bāstān-šenāsi	باستان شناسی
Ausgrabungsstätte (f)	mahall-e haffārihā	محل حفاری ها
Ausgrabungen (pl)	haffāri-hā	حفاری ها
Fund (m)	yāfteh	یافته
Fragment (n)	qet'e	قطعه

116. Mittelalter

Deutsch	Transkription	Persisch
Volk (n)	mellat	ملت
Völker (pl)	mellat-hā	ملت ها
Stamm (m)	qabile	قبیله
Stämme (pl)	qabāyel	قبایل
Barbaren (pl)	barbar-hā	بربر ها
Gallier (pl)	gul-hā	گول ها
Goten (pl)	gat-hā	گت ها
Slawen (pl)	eslāv-hā	اسلاو ها
Wikinger (pl)	vāyking-hā	وایکینگ ها
Römer (pl)	rumi-hā	رومی ها
römisch	rumi	رومی
Byzantiner (pl)	bizānsi-hā	بیزانسی ها
Byzanz (n)	bizāns	بیزانس
byzantinisch	bizānsi	بیزانسی
Kaiser (m)	emperātur	امپراطور
Häuptling (m)	rahbar	رهبر
mächtig (Kaiser usw.)	moqtader	مقتدر
König (m)	šāh	شاه
Herrscher (Monarch)	hākem	حاکم
Ritter (m)	šovālie	شوالیه
Feudalherr (m)	feodāl	فئودال
feudal, Feudal-	feodāli	فئودالی
Vasall (m)	ra'yat	رعیت
Herzog (m)	duk	دوک
Graf (m)	kont	کنت
Baron (m)	bāron	بارون
Bischof (m)	osqof	اسقف
Rüstung (f)	zereh	زره
Schild (m)	separ	سپر
Schwert (n)	šamšir	شمشیر
Visier (n)	labe-ye kolāh	لبه کلاه
Panzerhemd (n)	jowšan	جوشن
Kreuzzug (m)	jang-e salibi	جنگ صلیبی
Kreuzritter (m)	jangju-ye salibi	جنگجوی صلیبی
Territorium (n)	qalamrow	قلمرو
einfallen (vt)	hamle kardan	حمله کردن
erobern (vt)	fath kardan	فتح کردن
besetzen (Land usw.)	ešqāl kardan	اشغال کردن
Belagerung (f)	mohāsere	محاصره
belagert	mahsur	محصور
belagern (vt)	mohāsere kardan	محاصره کردن
Inquisition (f)	taftiš-e aqāyed	تفتیش عقاید
Inquisitor (m)	mofatteš	مفتش

Folter (f)	šekanje	شکنجه
grausam (-e Folter)	bi rahm	بی رحم
Häretiker (m)	molhed	ملحد
Häresie (f)	ertedād	ارتداد

Seefahrt (f)	daryānavardi	دریانوردی
Seeräuber (m)	dozd-e daryāyi	دزد دریایی
Seeräuberei (f)	dozdi-ye daryāyi	دزدی دریایی
Enterung (f)	hamle ruye arše	حمله روی عرشه
Beute (f)	qanimat	غنیمت
Schätze (pl)	ganj	گنج

Entdeckung (f)	kašf	کشف
entdecken (vt)	kašf kardan	کشف کردن
Expedition (f)	safar	سفر

Musketier (m)	tofangdār	تفنگدار
Kardinal (m)	kārdināl	کاردینال
Heraldik (f)	nešān-šenāsi	نشان شناسی
heraldisch	manquš	منقوش

117. Führungspersonen. Chef. Behörden

König (m)	šāh	شاه
Königin (f)	maleke	ملکه
königlich	šāhi	شاهی
Königreich (n)	pādšāhi	پادشاهی

Prinz (m)	šāhzāde	شاهزاده
Prinzessin (f)	pranses	پرنسس

Präsident (m)	ra'is jomhur	رئیس جمهور
Vizepräsident (m)	mo'āven-e rais-e jomhur	معاون رئیس جمهور
Senator (m)	senātor	سناتور

Monarch (m)	pādšāh	پادشاه
Herrscher (m)	hākem	حاکم
Diktator (m)	diktātor	دیکتاتور
Tyrann (m)	zālem	ظالم
Magnat (m)	najib zāde	نجیب زاده

Direktor (m)	modir	مدیر
Chef (m)	ra'is	رئیس
Leiter (einer Abteilung)	modir	مدیر
Boss (m)	ra'is	رئیس
Eigentümer (m)	sāheb	صاحب

Führer (m)	rahbar	رهبر
Leiter (Delegations-)	ra'is	رئیس
Behörden (pl)	maqāmāt	مقامات
Vorgesetzten (pl)	roasā	رؤسا

Gouverneur (m)	farmāndār	فرماندار
Konsul (m)	konsul	کنسول

Deutsch	Persisch (Transkription)	Persisch
Diplomat (m)	diplomāt	ديپلمات
Bürgermeister (m)	šahrdār	شهردار
Sheriff (m)	kalāntar	كلانتر
Kaiser (m)	emperātur	امپراطور
Zar (m)	tezār	تزار
Pharao (m)	fer'own	فرعون
Khan (m)	xān	خان

118. Gesetzesverstoß Verbrecher. Teil 1

Deutsch	Persisch (Transkription)	Persisch
Bandit (m)	rāhzan	راهزن
Verbrechen (n)	jenāyat	جنايت
Verbrecher (m)	jenāyatkār	جنايتكار
Dieb (m)	dozd	دزد
stehlen (vt)	dozdidan	دزديدن
Diebstahl (Aktivität)	dozdi	دزدى
Stehlen (n)	serqat	سرقت
kidnappen (vt)	ādam robudan	آدم ربودن
Kidnapping (n)	ādam robāyi	آدم ربايى
Kidnapper (m)	ādam robā	آدم ربا
Lösegeld (n)	bāj	باج
Lösegeld verlangen	bāj xāstan	باج خواستن
rauben (vt)	serqat kardan	سرقت كردن
Raub (m)	serqat	سرقت
Räuber (m)	qāratgar	غارتگر
erpressen (vt)	axxāzi kardan	اخاذى كردن
Erpresser (m)	axxāz	اخاذ
Erpressung (f)	axxāzi	اخاذى
morden (vt)	koštan	كشتن
Mord (m)	qatl	قتل
Mörder (m)	qātel	قاتل
Schuss (m)	tirandāzi	تيراندازى
schießen (vt)	tirandāzi kardan	تيراندازى كردن
erschießen (vt)	bā tir zadan	با تير زدن
feuern (vi)	tirandāzi kardan	تيراندازى كردن
Schießerei (f)	tirandāzi	تيراندازى
Vorfall (m)	vāqe'e	واقعه
Schlägerei (f)	zad-o xord	زد و خورد
Hilfe!	komak!	كمك!
Opfer (n)	qorbāni	قربانى
beschädigen (vt)	xesārat resāndan	خسارت رساندن
Schaden (m)	xesārat	خسارت
Leiche (f)	jasad	جسد
schwer (-es Verbrechen)	vaxim	وخيم

angreifen (vt)	hamle kardan	حمله کردن
schlagen (vt)	zadan	زدن
verprügeln (vt)	kotak zadan	کتک زدن
wegnehmen (vt)	bezur gereftan	به زور گرفتن
erstechen (vt)	čāqu zadan	چاقو زدن
verstümmeln (vt)	ma'yub kardan	معیوب کردن
verwunden (vt)	majruh kardan	مجروح کردن
Erpressung (f)	šāntāž	شانتاژ
erpressen (vt)	axxāzi kardan	اخاذی کردن
Erpresser (m)	axxāz	اخاذ
Schutzgelderpressung (f)	axxāzi	اخاذی
Erpresser (Racketeer)	axxāz	اخاذ
Gangster (m)	gāngester	گانگستر
Mafia (f)	māfiyā	مافیا
Taschendieb (m)	jib bor	جیب بر
Einbrecher (m)	sāreq	سارق
Schmuggel (m)	qāčāq	قاچاق
Schmuggler (m)	qāčāqči	قاچاقچی
Fälschung (f)	qollābi	قلابی
fälschen (vt)	ja'l kardan	جعل کردن
gefälscht	ja'li	جعلی

119. Gesetzesbruch. Verbrecher. Teil 2

Vergewaltigung (f)	tajāvoz be nāmus	تجاوز به ناموس
vergewaltigen (vt)	tajāvoz kardan	تجاوز کردن
Gewalttäter (m)	zenā konande	زنا کننده
Besessene (m)	majnun	مجنون
Prostituierte (f)	fāheše	فاحشه
Prostitution (f)	fāhešegi	فاحشگی
Zuhälter (m)	jākeš	جاکش
Drogenabhängiger (m)	mo'tād	معتاد
Drogenhändler (m)	forušande-ye mavādd-e moxadder	فروشندۀ مواد مخدر
sprengen (vt)	monfajer kardan	منفجر کردن
Explosion (f)	enfejār	انفجار
in Brand stecken	ātaš zadan	آتش زدن
Brandstifter (m)	ātaš afruz	آتش افروز
Terrorismus (m)	terorism	تروریسم
Terrorist (m)	terorist	تروریست
Geisel (m, f)	gerowgān	گروگان
betrügen (vt)	farib dādan	فریب دادن
Betrug (m)	farib	فریب
Betrüger (m)	hoqqe bāz	حقه باز
bestechen (vt)	rešve dādan	رشوه دادن

Bestechlichkeit (f)	rešve	رشوه
Bestechungsgeld (n)	rešve	رشوه
Gift (n)	zahr	زهر
vergiften (vt)	masmum kardan	مسموم کردن
sich vergiften	masmum šodan	مسموم شدن
Selbstmord (m)	xod-koši	خودکشی
Selbstmörder (m)	xod-koši konande	خودکشی کننده
drohen (vi)	tahdid kardan	تهدید کردن
Drohung (f)	tahdid	تهدید
versuchen (vt)	su'-e qasd kardan	سوء قصد کردن
Attentat (n)	su'-e qasd	سوء قصد
stehlen (Auto ~)	robudan	ربودن
entführen (Flugzeug ~)	havāpeymā robāyi	هواپیما ربایی
Rache (f)	enteqām	انتقام
sich rächen	enteqām gereftan	انتقام گرفتن
foltern (vt)	šekanje dādan	شکنجه دادن
Folter (f)	šekanje	شکنجه
quälen (vt)	aziyat kardan	اذیت کردن
Seeräuber (m)	dozd-e daryāyi	دزد دریایی
Rowdy (m)	owbāš	اوباش
bewaffnet	mosallah	مسلح
Gewalt (f)	xošunat	خشونت
ungesetzlich	qeyr-e qānuni	غیر قانونی
Spionage (f)	jāsusi	جاسوسی
spionieren (vi)	jāsusi kardan	جاسوسی کردن

120. Polizei Recht. Teil 1

Justiz (f)	edālat	عدالت
Gericht (n)	dādgāh	دادگاه
Richter (m)	qāzi	قاضی
Geschworenen (pl)	hey'at-e monsefe	هیئت منصفه
Geschworenengericht (n)	hey'at-e monsefe	هیئت منصفه
richten (vt)	mohākeme kardan	محاکمه کردن
Rechtsanwalt (m)	vakil	وکیل
Angeklagte (m)	mottaham	متهم
Anklagebank (f)	jāygāh-e mottaham	جایگاه متهم
Anklage (f)	ettehām	اتهام
Beschuldigte (m)	mottaham	متهم
Urteil (n)	hokm	حکم
verurteilen (vt)	mahkum kardan	محکوم کردن
Schuldige (m)	moqasser	مقصر

bestrafen (vt)	mojāzāt kardan	مجازات کردن
Strafe (f)	mojāzāt	مجازات
Geldstrafe (f)	jarime	جریمه
lebenslange Haft (f)	habs-e abad	حبس ابد
Todesstrafe (f)	e'dām	اعدام
elektrischer Stuhl (m)	sandali-ye barqi	صندلی برقی
Galgen (m)	čube-ye dār	چوبه دار
hinrichten (vt)	e'dām kardan	اعدام کردن
Hinrichtung (f)	e'dām	اعدام
Gefängnis (n)	zendān	زندان
Zelle (f)	sellul-e zendān	سلول زندان
Eskorte (f)	eskort	اسکورت
Gefängniswärter (m)	negahbān zendān	نگهبان زندان
Gefangene (m)	zendāni	زندانی
Handschellen (pl)	dastband	دستبند
Handschellen anlegen	dastband zadan	دستبند زدن
Ausbruch (Flucht)	farār	فرار
ausbrechen (vi)	farār kardan	فرار کردن
verschwinden (vi)	nāpadid šodan	ناپدید شدن
aus ... entlassen	āzād kardan	آزاد کردن
Amnestie (f)	afv-e omumi	عفو عمومی
Polizei (f)	polis	پلیس
Polizist (m)	polis	پلیس
Polizeiwache (f)	kalāntari	کلانتری
Gummiknüppel (m)	bātum	باتوم
Sprachrohr (n)	bolandgu	بلندگو
Streifenwagen (m)	māšin-e gašt	ماشین گشت
Sirene (f)	āžir-e xatar	آژیر خطر
die Sirene einschalten	āžir rā rowšan kardan	آژیررا روشن کردن
Sirengeheul (n)	sedā-ye āžir	صدای آژیر
Tatort (m)	mahall-e jenāyat	محل جنایت
Zeuge (m)	šāhed	شاهد
Freiheit (f)	āzādi	آزادی
Komplize (m)	hamdast	همدست
verschwinden (vi)	maxfi šodan	مخفی شدن
Spur (f)	rad	رد

121. Polizei. Recht. Teil 2

Fahndung (f)	jostoju	جستجو
suchen (vt)	jostoju kardan	جستجو کردن
Verdacht (m)	šok	شک
verdächtig (Adj)	maškuk	مشکوک
anhalten (Polizei)	motevaghef kardan	متوقف کردن
verhaften (vt)	dastgir kardan	دستگیر کردن

Fall (m), Klage (f)	parvande	پرونده
Untersuchung (f)	tahqiq	تحقیق
Detektiv (m)	kārāgāh	کارآگاه
Ermittlungsrichter (m)	bāzpors	بازپرس
Version (f)	farziye	فرضیه
Motiv (n)	angize	انگیزه
Verhör (n)	bāzporsi	بازپرسی
verhören (vt)	bāzporsi kardan	بازپرسی کردن
vernehmen (vt)	estentāq kardan	استنطاق کردن
Kontrolle (Personen-)	taftiš	تفتیش
Razzia (f)	mohāsere	محاصره
Durchsuchung (f)	taftiš	تفتیش
Verfolgung (f)	ta'qib	تعقیب
nachjagen (vi)	ta'qib kardan	تعقیب کردن
verfolgen (vt)	donbāl kardan	دنبال کردن
Verhaftung (f)	bāzdāšt	بازداشت
verhaften (vt)	bāzdāšt kardan	بازداشت کردن
fangen (vt)	dastgir kardan	دستگیر کردن
Festnahme (f)	dastgiri	دستگیری
Dokument (n)	sanad	سند
Beweis (m)	esbāt	اثبات
beweisen (vt)	esbāt kardan	اثبات کردن
Fußspur (f)	rad-e pā	رد پا
Fingerabdrücke (pl)	asar-e angošt	اثر انگشت
Beweisstück (n)	šavāhed	شواهد
Alibi (n)	ozr-e qeybat	عذر غیبت
unschuldig	bi gonāh	بی گناه
Ungerechtigkeit (f)	bi edālati	بی عدالتی
ungerecht	qeyr-e ādelāne	غیر عادلانه
Kriminal-	jenāyi	جنایی
beschlagnahmen (vt)	mosādere kardan	مصادره کردن
Droge (f)	mavādd-e moxadder	مواد مخدر
Waffe (f)	selāh	سلاح
entwaffnen (vt)	xal'-e selāh kardan	خلع سلاح کردن
befehlen (vt)	farmān dādan	فرمان دادن
verschwinden (vi)	nāpadid šodan	ناپدید شدن
Gesetz (n)	qānun	قانون
gesetzlich	qānuni	قانونی
ungesetzlich	qeyr-e qānuni	غیر قانونی
Verantwortlichkeit (f)	mas'uliyat	مسئولیت
verantwortlich	mas'ul	مسئول

NATUR

Die Erde. Teil 1

122. Weltall

Kosmos (m)	fazā	فضا
kosmisch, Raum-	fazāyi	فضایی
Weltraum (m)	fazā-ye keyhān	فضای کیهان
All (n)	jahān	جهان
Universum (n)	giti	گیتی
Galaxie (f)	kahkešān	کهکشان
Stern (m)	setāre	ستاره
Gestirn (n)	surat-e falaki	صورت فلکی
Planet (m)	sayyāre	سیاره
Satellit (m)	māhvāre	ماهواره
Meteorit (m)	sang-e āsmāni	سنگ آسمانی
Komet (m)	setāre-ye donbāle dār	ستارۀ دنباله دار
Asteroid (m)	šahāb	شهاب
Umlaufbahn (f)	madār	مدار
sich drehen	gardidan	گردیدن
Atmosphäre (f)	jav	جو
Sonne (f)	āftāb	آفتاب
Sonnensystem (n)	manzume-ye šamsi	منظومه شمسی
Sonnenfinsternis (f)	kosuf	کسوف
Erde (f)	zamin	زمین
Mond (m)	māh	ماه
Mars (m)	merrix	مریخ
Venus (f)	zahre	زهره
Jupiter (m)	moštari	مشتری
Saturn (m)	zohal	زحل
Merkur (m)	atārod	عطارد
Uran (m)	orānus	اورانوس
Neptun (m)	nepton	نپتون
Pluto (m)	poloton	پلوتون
Milchstraße (f)	kahkešān rāh-e širi	کهکشان راه شیری
Der Große Bär	dobb-e akbar	دب اکبر
Polarstern (m)	setāre-ye qotbi	ستاره قطبی
Marsbewohner (m)	merrixi	مریخی
Außerirdischer (m)	farā zamini	فرا زمینی

außerirdisches Wesen (n)	mowjud fazāyi	موجود فضایی
fliegende Untertasse (f)	bošqāb-e parande	بشقاب پرنده
Raumschiff (n)	fazā peymā	فضا پیما
Raumstation (f)	istgāh-e fazāyi	ایستگاه فضایی
Raketenstart (m)	rāh andāzi	راه اندازی
Triebwerk (n)	motor	موتور
Düse (f)	nāzel	نازل
Treibstoff (m)	suxt	سوخت
Kabine (f)	kābin	کابین
Antenne (f)	ānten	آنتن
Bullauge (n)	panjere	پنجره
Sonnenbatterie (f)	bātri-ye xoršidi	باطری خورشیدی
Raumanzug (m)	lebās-e fazānavardi	لباس فضانوردی
Schwerelosigkeit (f)	bi vazni	بی وزنی
Sauerstoff (m)	oksižen	اکسیژن
Ankopplung (f)	vasl	وصل
koppeln (vi)	vasl kardan	وصل کردن
Observatorium (n)	rasadxāne	رصدخانه
Teleskop (n)	teleskop	تلسکوپ
beobachten (vt)	mošāhede kardan	مشاهده کردن
erforschen (vt)	kašf kardan	کشف کردن

123. Die Erde

Erde (f)	zamin	زمین
Erdkugel (f)	kare-ye zamin	کرۀ زمین
Planet (m)	sayyāre	سیاره
Atmosphäre (f)	jav	جو
Geographie (f)	joqrāfiyā	جغرافیا
Natur (f)	tabi'at	طبیعت
Globus (m)	kare-ye joqrāfiyāyi	کرۀ جغرافیایی
Landkarte (f)	naqše	نقشه
Atlas (m)	atlas	اطلس
Europa (n)	orupā	اروپا
Asien (n)	āsiyā	آسیا
Afrika (n)	āfriqā	آفریقا
Australien (n)	ostorāliyā	استرالیا
Amerika (n)	emrikā	امریکا
Nordamerika (n)	emrikā-ye šomāli	امریکای شمالی
Südamerika (n)	emrikā-ye jonubi	امریکای جنوبی
Antarktis (f)	qotb-e jonub	قطب جنوب
Arktis (f)	qotb-e šomāl	قطب شمال

124. Himmelsrichtungen

Norden (m)	šomāl	شمال
nach Norden	be šomāl	به شمال
im Norden	dar šomāl	در شمال
nördlich	šomāli	شمالی
Süden (m)	jonub	جنوب
nach Süden	be jonub	به جنوب
im Süden	dar jonub	در جنوب
südlich	jonubi	جنوبی
Westen (m)	qarb	غرب
nach Westen	be qarb	به غرب
im Westen	dar qarb	در غرب
westlich, West-	qarbi	غربی
Osten (m)	šarq	شرق
nach Osten	be šarq	به شرق
im Osten	dar šarq	در شرق
östlich	šarqi	شرقی

125. Meer. Ozean

Meer (n), See (f)	daryā	دریا
Ozean (m)	oqyānus	اقیانوس
Golf (m)	xalij	خلیج
Meerenge (f)	tange	تنگه
Festland (n)	zamin	زمین
Kontinent (m)	qāre	قاره
Insel (f)	jazire	جزیره
Halbinsel (f)	šeb-e jazire	شبه جزیره
Archipel (m)	majma'-ol-jazāyer	مجمع‌الجزایر
Bucht (f)	xalij-e kučak	خلیج کوچک
Hafen (m)	langargāh	لنگرگاه
Lagune (f)	mordāb	مرداب
Kap (n)	damāqe	دماغه
Atoll (n)	jazire-ye marjāni	جزیره مرجانی
Riff (n)	tappe-ye daryāyi	تپه دریایی
Koralle (f)	marjān	مرجان
Korallenriff (n)	tappe-ye marjāni	تپه مرجانی
tief (Adj)	amiq	عمیق
Tiefe (f)	omq	عمق
Abgrund (m)	partgāh	پرتگاه
Graben (m)	derāz godāl	درازگودال
Strom (m)	jaryān	جریان
umspülen (vt)	ehāte kardan	احاطه کردن

Ufer (n)	sāhel	ساحل
Küste (f)	sāhel	ساحل
Flut (f)	mod	مد
Ebbe (f)	jazr	جزر
Sandbank (f)	sāhel-e šeni	ساحل شنی
Boden (m)	qa'r	قعر
Welle (f)	mowj	موج
Wellenkamm (m)	nok	نوک
Schaum (m)	kaf	کف
Sturm (m)	tufān-e daryāyi	طوفان دریایی
Orkan (m)	tufān	طوفان
Tsunami (m)	sonāmi	سونامی
Windstille (f)	sokun-e daryā	سکون دریا
ruhig	ārām	آرام
Pol (m)	qotb	قطب
Polar-	qotbi	قطبی
Breite (f)	arz-e joqrāfiyāyi	عرض جغرافیایی
Länge (f)	tul-e joqrāfiyāyi	طول جغرافیایی
Breitenkreis (m)	movāzi	موازی
Äquator (m)	xatt-e ostavā	خط استوا
Himmel (m)	āsemān	آسمان
Horizont (m)	ofoq	افق
Luft (f)	havā	هوا
Leuchtturm (m)	fānus-e daryāyi	فانوس دریایی
tauchen (vi)	širje raftan	شیرجه رفتن
versinken (vi)	qarq šodan	غرق شدن
Schätze (pl)	ganj	گنج

126. Namen der Meere und Ozeane

Atlantischer Ozean (m)	oqyānus-e atlas	اقیانوس اطلس
Indischer Ozean (m)	oqyānus-e hend	اقیانوس هند
Pazifischer Ozean (m)	oqyānus-e ārām	اقیانوس آرام
Arktischer Ozean (m)	oqyānus-e monjamed-e šomāli	اقیانوس منجمد شمالی
Schwarzes Meer (n)	daryā-ye siyāh	دریای سیاه
Rotes Meer (n)	daryā-ye sorx	دریای سرخ
Gelbes Meer (n)	daryā-ye zard	دریای زرد
Weißes Meer (n)	daryā-ye sefid	دریای سفید
Kaspisches Meer (n)	daryā-ye xazar	دریای خزر
Totes Meer (n)	daryā-ye morde	دریای مرده
Mittelmeer (n)	daryā-ye meditarāne	دریای مدیترانه
Ägäisches Meer (n)	daryā-ye eže	دریای اژه
Adriatisches Meer (n)	daryā-ye ādriyātik	دریای آدریاتیک

Arabisches Meer (n)	daryā-ye arab	دریای عرب
Japanisches Meer (n)	daryā-ye žāpon	دریای ژاپن
Beringmeer (n)	daryā-ye brinq	دریای برینگ
Südchinesisches Meer (n)	daryā-ye čin-e jonubi	دریای چین جنوبی
Korallenmeer (n)	daryā-ye marjān	دریای مرجان
Tasmansee (f)	daryā-ye tās-emān	دریای تاسمان
Karibisches Meer (n)	daryā-ye kārāib	دریای کارائیب
Barentssee (f)	daryā-ye barntz	دریای بارنتز
Karasee (f)	daryā-ye kārā	دریای کارا
Nordsee (f)	daryā-ye šomāl	دریای شمال
Ostsee (f)	daryā-ye bāltik	دریای بالتیک
Nordmeer (n)	daryā-ye norvež	دریای نروژ

127. Berge

Berg (m)	kuh	کوه
Gebirgskette (f)	rešte-ye kuh	رشته کوه
Bergrücken (m)	selsele-ye jebāl	سلسله جبال
Gipfel (m)	qolle	قله
Spitze (f)	qolle	قله
Bergfuß (m)	dāmane-ye kuh	دامنۀ کوه
Abhang (m)	šib	شیب
Vulkan (m)	ātaš-fešān	آتشفشان
tätiger Vulkan (m)	ātaš-fešān-e fa'āl	آتش فشان فعال
schlafender Vulkan (m)	ātaš-fešān-e xāmuš	آتش فشان خاموش
Ausbruch (m)	favarān	فوران
Krater (m)	dahāne-ye ātašfešān	دهانۀ آتش فشان
Magma (n)	māgmā	ماگما
Lava (f)	godāze	گدازه
glühend heiß (-e Lava)	godāxte	گداخته
Cañon (m)	tange	تنگ
Schlucht (f)	darre-ye tang	درۀ تنگ
Spalte (f)	tange	تنگ
Abgrund (m) (steiler ~)	partgāh	پرتگاه
Gebirgspass (m)	gozargāh	گذرگاه
Plateau (n)	falāt	فلات
Fels (m)	saxre	صخره
Hügel (m)	tappe	تپه
Gletscher (m)	yaxčāl	یخچال
Wasserfall (m)	ābšār	آبشار
Geiser (m)	češme-ye āb-e garm	چشمۀ آب گرم
See (m)	daryāče	دریاچه
Ebene (f)	jolge	جلگه
Landschaft (f)	manzare	منظره

Echo (n)	en'ekās-e sowt	انعكاس صوت
Bergsteiger (m)	kuhnavard	كوهنورد
Kletterer (m)	saxre-ye navard	صخره نورد
bezwingen (vt)	fath kardan	فتح كردن
Aufstieg (m)	so'ud	صعود

128. Namen der Berge

Alpen (pl)	ālp	آلپ
Montblanc (m)	moan belān	مون بلان
Pyrenäen (pl)	pirene	پيرنه
Karpaten (pl)	kuhhā-ye kārpāt	كوههای كارپات
Uralgebirge (n)	kuhe-i orāl	كوههای اورال
Kaukasus (m)	qafqāz	قفقاز
Elbrus (m)	alborz	البرز
Altai (m)	āltāy	آلتای
Tian Shan (m)	tiyān šān	تيان شان
Pamir (m)	pāmir	پامير
Himalaja (m)	himāliyā-vo	هيماليا
Everest (m)	everest	اورست
Anden (pl)	ānd	آند
Kilimandscharo (m)	kelimānjāro	كليمانجارو

129. Flüsse

Fluss (m)	rudxāne	رودخانه
Quelle (f)	češme	چشمه
Flussbett (n)	bastar	بستر
Stromgebiet (n)	howze	حوضه
einmünden in …	rixtan	ريختن
Nebenfluss (m)	enše'āb	انشعاب
Ufer (n)	sāhel	ساحل
Strom (m)	jaryān	جريان
stromabwärts	be samt-e pāin-e rudxāne	به سمت پائين رودخانه
stromaufwärts	be samt-e bālā-ye rudxāne	به سمت بالای رودخانه
Überschwemmung (f)	seyl	سيل
Hochwasser (n)	toqyān	طغيان
aus den Ufern treten	toqyān kardan	طغيان كردن
überfluten (vt)	toqyān kardan	طغيان كردن
Sandbank (f)	tangāb	تنگاب
Stromschnelle (f)	tondāb	تندآب
Damm (m)	sad	سد
Kanal (m)	kānāl	كانال
Stausee (m)	maxzan-e āb	مخزن آب

Deutsch	Transkription	Persisch
Schleuse (f)	ābgir	آبگیر
Gewässer (n)	maxzan-e āb	مخزن آب
Sumpf (m), Moor (n)	bātlāq	باتلاق
Marsch (f)	lajan zār	لجن زار
Strudel (m)	gerdāb	گرداب
Bach (m)	ravad	رود
Trink- (z.B. Trinkwasser)	āšāmidani	آشامیدنی
Süß- (Wasser)	širin	شیرین
Eis (n)	yax	یخ
zufrieren (vi)	yax bastan	یخ بستن

130. Namen der Flüsse

Deutsch	Transkription	Persisch
Seine (f)	sen	سن
Loire (f)	lavār	لوآر
Themse (f)	timz	تیمز
Rhein (m)	rāyn	راین
Donau (f)	dānub	دانوب
Wolga (f)	volgā	ولگا
Don (m)	don	دن
Lena (f)	lenā	لنا
Gelber Fluss (m)	rud-e zard	رود زرد
Jangtse (m)	yāng tese	یانگ تسه
Mekong (m)	mekung	مکونگ
Ganges (m)	gong	گنگ
Nil (m)	neyl	نیل
Kongo (m)	kongo	کنگو
Okavango (m)	okavango	اوکاوانگو
Sambesi (m)	zāmbezi	زامبزی
Limpopo (m)	rud-e limpupu	رود لیمپوپو
Mississippi (m)	mi si si pi	می سی سی پی

131. Wald

Deutsch	Transkription	Persisch
Wald (m)	jangal	جنگل
Wald-	jangali	جنگلی
Dickicht (n)	jangal-e anbuh	جنگل انبوه
Gehölz (n)	biše	بیشه
Lichtung (f)	marqzār	مرغزار
Dickicht (n)	biše-hā	بیشه ها
Gebüsch (n)	bute zār	بوته زار
Fußweg (m)	kure-ye rāh	کوره راه
Erosionsrinne (f)	darre	دره

Baum (m)	deraxt	درخت
Blatt (n)	barg	برگ
Laub (n)	šāx-o barg	شاخ و برگ
Laubfall (m)	barg rizi	برگ ریزی
fallen (Blätter)	rixtan	ریختن
Wipfel (m)	nok	نوک
Zweig (m)	šāxe	شاخه
Ast (m)	šāxe	شاخه
Knospe (f)	šokufe	شکوفه
Nadel (f)	suzan	سوزن
Zapfen (m)	maxrut-e kāj	مخروط کاج
Höhlung (f)	surāx	سوراخ
Nest (n)	lāne	لانه
Höhle (f)	lāne	لانه
Stamm (m)	tane	تنه
Wurzel (f)	riše	ریشه
Rinde (f)	pust	پوست
Moos (n)	xaze	خزه
entwurzeln (vt)	rišekan kardan	ریشه کن کردن
fällen (vt)	boridan	بریدن
abholzen (vt)	boridan	بریدن
Baumstumpf (m)	kande-ye deraxt	کندۀ درخت
Lagerfeuer (n)	ātaš	آتش
Waldbrand (m)	ātaš suzi	آتش سوزی
löschen (vt)	xāmuš kardan	خاموش کردن
Förster (m)	jangal bān	جنگل بان
Schutz (m)	mohāfezat	محافظت
beschützen (vt)	mohāfezat kardan	محافظت کردن
Wilddieb (m)	šekārči-ye qeyr-e qānuni	شکارچی غیر قانونی
Falle (f)	tale	تله
sammeln, pflücken (vt)	čidan	چیدن
sich verirren	gom šodan	گم شدن

132. natürliche Lebensgrundlagen

Naturressourcen (pl)	manābe-'e tabii	منابع طبیعی
Bodenschätze (pl)	mavādd-e ma'dani	مواد معدنی
Vorkommen (n)	tah nešast	ته نشست
Feld (Ölfeld usw.)	meydān	میدان
gewinnen (vt)	estexrāj kardan	استخراج کردن
Gewinnung (f)	estexrāj	استخراج
Erz (n)	sang-e ma'dani	سنگ معدنی
Bergwerk (n)	ma'dan	معدن
Schacht (m)	ma'dan	معدن
Bergarbeiter (m)	ma'danči	معدنچی

Erdgas (n)	gāz	گاز
Gasleitung (f)	lule-ye gāz	لولهٔ گاز
Erdöl (n)	naft	نفت
Erdölleitung (f)	lule-ye naft	لولهٔ نفت
Ölquelle (f)	čāh-e naft	چاه نفت
Bohrturm (m)	dakal-e haffāri	دکل حفاری
Tanker (m)	tānker	تانکر
Sand (m)	šen	شن
Kalkstein (m)	sang-e āhak	سنگ آهک
Kies (m)	sangrize	سنگریزه
Torf (m)	turb	تورب
Ton (m)	xāk-e ros	خاک رس
Kohle (f)	zoqāl sang	زغال سنگ
Eisen (n)	āhan	آهن
Gold (n)	talā	طلا
Silber (n)	noqre	نقره
Nickel (n)	nikel	نیکل
Kupfer (n)	mes	مس
Zink (n)	ruy	روی
Mangan (n)	mangenez	منگنز
Quecksilber (n)	jive	جیوه
Blei (n)	sorb	سرب
Mineral (n)	mādde-ye ma'dani	مادهٔ معدنی
Kristall (m)	bolur	بلور
Marmor (m)	marmar	مرمر
Uran (n)	orāniyom	اورانیوم

Die Erde. Teil 2

133. Wetter

Wetter (n)	havā	هوا
Wetterbericht (m)	piš bini havā	پیش بینی هوا
Temperatur (f)	damā	دما
Thermometer (n)	damāsanj	دماسنج
Barometer (n)	havāsanj	هواسنج
feucht	martub	مرطوب
Feuchtigkeit (f)	rotubat	رطوبت
Hitze (f)	garmā	گرما
glutheiß	dāq	داغ
ist heiß	havā xeyli garm ast	هوا خیلی گرم است
ist warm	havā garm ast	هوا گرم است
warm (Adj)	garm	گرم
ist kalt	sard ast	سرد است
kalt (Adj)	sard	سرد
Sonne (f)	āftāb	آفتاب
scheinen (vi)	tābidan	تابیدن
sonnig (Adj)	āftābi	آفتابی
aufgehen (vi)	tolu' kardan	طلوع کردن
untergehen (vi)	qorob kardan	غروب کردن
Wolke (f)	abr	ابر
bewölkt, wolkig	abri	ابری
Regenwolke (f)	abr-e bārānzā	ابر باران زا
trüb (-er Tag)	tire	تیره
Regen (m)	bārān	باران
Es regnet	bārān mibārad	باران می بارد
regnerisch (-er Tag)	bārāni	بارانی
nieseln (vi)	nam-nam bāridan	نم نم باریدن
strömender Regen (m)	bārān šodid	باران شدید
Regenschauer (m)	ragbār	رگبار
stark (-er Regen)	šadid	شدید
Pfütze (f)	čāle	چاله
nass werden (vi)	xis šodan	خیس شدن
Nebel (m)	meh	مه
neblig (-er Tag)	meh ālud	مه آلود
Schnee (m)	barf	برف
Es schneit	barf mibārad	برف می بارد

134. Unwetter Naturkatastrophen

Deutsch	Transkription	Persisch
Gewitter (n)	tufān	طوفان
Blitz (m)	barq	برق
blitzen (vi)	barq zadan	برق زدن
Donner (m)	ra'd	رعد
donnern (vi)	qorridan	غریدن
Es donnert	ra'd mizanad	رعد می زند
Hagel (m)	tagarg	تگرگ
Es hagelt	tagarg mibārad	تگرگ می بارد
überfluten (vt)	toqyān kardan	طغیان کردن
Überschwemmung (f)	seyl	سیل
Erdbeben (n)	zamin-larze	زمین لرزه
Erschütterung (f)	tekān	تکان
Epizentrum (n)	kānun-e zaminlarze	کانون زمین لرزه
Ausbruch (m)	favarān	فوران
Lava (f)	godāze	گدازه
Wirbelsturm (m), Tornado (m)	gerdbād	گردباد
Taifun (m)	tufān	طوفان
Orkan (m)	tufān	طوفان
Sturm (m)	tufān	طوفان
Tsunami (m)	sonāmi	سونامی
Zyklon (m)	gerdbād	گردباد
Unwetter (n)	havā-ye bad	هوای بد
Brand (m)	ātaš suzi	آتش سوزی
Katastrophe (f)	balā-ye tabi'i	بلای طبیعی
Meteorit (m)	sang-e āsmāni	سنگ آسمانی
Lawine (f)	bahman	بهمن
Schneelawine (f)	bahman	بهمن
Schneegestöber (n)	kulāk	کولاک
Schneesturm (m)	barf-o burān	برف و بوران

Fauna

135. Säugetiere. Raubtiere

Raubtier (n)	heyvān-e darande	حیوان درنده
Tiger (m)	bebar	ببر
Löwe (m)	šir	شیر
Wolf (m)	gorg	گرگ
Fuchs (m)	rubāh	روباه
Jaguar (m)	jagvār	جگوار
Leopard (m)	palang	پلنگ
Gepard (m)	yuzpalang	یوزپلنگ
Panther (m)	palang-e siyāh	پلنگ سیاه
Puma (m)	yuzpalang	یوزپلنگ
Schneeleopard (m)	palang-e barfi	پلنگ برفی
Luchs (m)	siyāh guš	سیاه گوش
Kojote (m)	gorg-e sahrāyi	گرگ صحرایی
Schakal (m)	šoqāl	شغال
Hyäne (f)	kaftār	کفتار

136. Tiere in freier Wildbahn

Tier (n)	heyvān	حیوان
Bestie (f)	heyvān	حیوان
Eichhörnchen (n)	sanjāb	سنجاب
Igel (m)	xārpošt	خارپشت
Hase (m)	xarguš	خرگوش
Kaninchen (n)	xarguš	خرگوش
Dachs (m)	gurkan	گورکن
Waschbär (m)	rākon	راکون
Hamster (m)	muš-e bozorg	موش بزرگ
Murmeltier (n)	muš-e xormā-ye kuhi	موش خرمای کوهی
Maulwurf (m)	muš-e kur	موش کور
Maus (f)	muš	موش
Ratte (f)	muš-e sahrāyi	موش صحرایی
Fledermaus (f)	xoffāš	خفاش
Hermelin (n)	qāqom	قاقم
Zobel (m)	samur	سمور
Marder (m)	samur	سمور
Wiesel (n)	rāsu	راسو
Nerz (m)	tire-ye rāsu	تیره راسو

Biber (m)	sag-e ābi	سگ آبی
Fischotter (m)	samur ābi	سمور آبی
Pferd (n)	asb	اسب
Elch (m)	gavazn	گوزن
Hirsch (m)	āhu	آهو
Kamel (n)	šotor	شتر
Bison (m)	gāvmiš	گاومیش
Wisent (m)	gāv miš	گاو میش
Büffel (m)	bufālo	بوفالو
Zebra (n)	gurexar	گورخر
Antilope (f)	boz-e kuhi	بز کوهی
Reh (n)	šukā	شوکا
Damhirsch (m)	qazāl	غزال
Gämse (f)	boz-e kuhi	بز کوهی
Wildschwein (n)	gorāz	گراز
Wal (m)	nahang	نهنگ
Seehund (m)	fak	فک
Walroß (n)	širmāhi	شیرماهی
Seebär (m)	gorbe-ye ābi	گربهٔ آبی
Delfin (m)	delfin	دلفین
Bär (m)	xers	خرس
Eisbär (m)	xers-e sefid	خرس سفید
Panda (m)	pāndā	پاندا
Affe (m)	meymun	میمون
Schimpanse (m)	šampānze	شمپانزه
Orang-Utan (m)	orāngutān	اورانگوتان
Gorilla (m)	guril	گوریل
Makak (m)	mākāk	ماکاک
Gibbon (m)	gibon	گیبون
Elefant (m)	fil	فیل
Nashorn (n)	kargadan	کرگدن
Giraffe (f)	zarrāfe	زرافه
Flusspferd (n)	asb-e ābi	اسب آبی
Känguru (n)	kāngoro	کانگورو
Koala (m)	kovālā	کوالا
Manguste (f)	xadang	خدنگ
Chinchilla (n)	čin čila	چین چیلا
Stinktier (n)	rāsu-ye badbu	راسوی بدبو
Stachelschwein (n)	taši	تشی

137. Haustiere

Katze (f)	gorbe	گربه
Kater (m)	gorbe-ye nar	گربهٔ نر
Hund (m)	sag	سگ

Pferd (n)	asb	اسب
Hengst (m)	asb-e nar	اسب نر
Stute (f)	mādiyān	مادیان
Kuh (f)	gāv	گاو
Stier (m)	gāv-e nar	گاو نر
Ochse (m)	gāv-e axte	گاو اخته
Schaf (n)	gusfand	گوسفند
Widder (m)	gusfand-e nar	گوسفند نر
Ziege (f)	boz-e mādde	بز ماده
Ziegenbock (m)	boz-e nar	بز نر
Esel (m)	xar	خر
Maultier (n)	qāter	قاطر
Schwein (n)	xuk	خوک
Ferkel (n)	bače-ye xuk	بچۀ خوک
Kaninchen (n)	xarguš	خرگوش
Huhn (n)	morq	مرغ
Hahn (m)	xorus	خروس
Ente (f)	ordak	اردک
Enterich (m)	ordak-e nar	اردک نر
Gans (f)	qāz	غاز
Puter (m)	buqalamun-e nar	بوقلمون نر
Pute (f)	buqalamun-e māde	بوقلمون ماده
Haustiere (pl)	heyvānāt-e ahli	حیوانات اهلی
zahm	ahli	اهلی
zähmen (vt)	rām kardan	رام کردن
züchten (vt)	parvareš dādan	پرورش دادن
Farm (f)	mazrae	مزرعه
Geflügel (n)	morq-e xānegi	مرغ خانگی
Vieh (n)	dām	دام
Herde (f)	galle	گله
Pferdestall (m)	establ	اصطبل
Schweinestall (m)	āqol xuk	آغل خوک
Kuhstall (m)	āqol gāv	آغل گاو
Kaninchenstall (m)	lanye xarguš	لانه خرگوش
Hühnerstall (m)	morq dāni	مرغ دانی

138. Vögel

Vogel (m)	parande	پرنده
Taube (f)	kabutar	کبوتر
Spatz (m)	gonješk	گنجشک
Meise (f)	morq-e zanburxār	مرغ زنبورخوار
Elster (f)	zāqi	زاغی
Rabe (m)	kalāq-e siyāh	کلاغ سیاه

Krähe (f)	kalāq	کلاغ
Dohle (f)	zāq	زاغ
Saatkrähe (f)	kalāq-e siyāh	کلاغ سیاه
Ente (f)	ordak	اردک
Gans (f)	qāz	غاز
Fasan (m)	qarqāvol	قرقاول
Adler (m)	oqāb	عقاب
Habicht (m)	qerqi	قرقی
Falke (m)	šāhin	شاهین
Greif (m)	karkas	کرکس
Kondor (m)	karkas-e emrikāyi	کرکس امریکایی
Schwan (m)	qu	قو
Kranich (m)	dornā	درنا
Storch (m)	lak lak	لک لک
Papagei (m)	tuti	طوطی
Kolibri (m)	morq-e magas-e xār	مرغ مگس خوار
Pfau (m)	tāvus	طاووس
Strauß (m)	šotormorq	شترمرغ
Reiher (m)	havāsil	حواصیل
Flamingo (m)	felāmingo	فلامینگو
Pelikan (m)	pelikān	پلیکان
Nachtigall (f)	bolbol	بلبل
Schwalbe (f)	parastu	پرستو
Drossel (f)	bāstarak	باسترک
Singdrossel (f)	torqe	طرقه
Amsel (f)	tukā-ye siyāh	توکای سیاه
Segler (m)	bādxorak	بادخورک
Lerche (f)	čakāvak	چکاوک
Wachtel (f)	belderčin	بلدرچین
Specht (m)	dārkub	دارکوب
Kuckuck (m)	fāxte	فاخته
Eule (f)	joqd	جغد
Uhu (m)	šāh buf	شاه بوف
Auerhahn (m)	siāh xorus	سیاه خروس
Birkhahn (m)	siāh xorus-e jangali	سیاه خروس جنگلی
Rebhuhn (n)	kabk	کبک
Star (m)	sār	سار
Kanarienvogel (m)	qanāri	قناری
Haselhuhn (n)	siyāh xorus-e fandoqi	سیاه خروس فندقی
Buchfink (m)	sehre-ye jangali	سهره جنگلی
Gimpel (m)	sohre sar-e siyāh	سهره سر سیاه
Möwe (f)	morq-e daryāyi	مرغ دریایی
Albatros (m)	morq-e daryāyi	مرغ دریایی
Pinguin (m)	pangoan	پنگوئن

139. Fische. Meerestiere

Brachse (f)	māhi-ye sim	ماهی سیم
Karpfen (m)	kapur	کپور
Barsch (m)	māhi-e luti	ماهی لوتی
Wels (m)	gorbe-ye māhi	گربه ماهی
Hecht (m)	ordak māhi	اردک ماهی
Lachs (m)	māhi-ye salemon	ماهی سالمون
Stör (m)	māhi-ye xāviār	ماهی خاویار
Hering (m)	māhi-ye šur	ماهی شور
atlantische Lachs (m)	sālmon-e atlāntik	سالمون اتلانتیک
Makrele (f)	māhi-ye esqumeri	ماهی اسقومری
Scholle (f)	sofre māhi	سفره ماهی
Zander (m)	suf	سوف
Dorsch (m)	māhi-ye rowqan	ماهی روغن
Tunfisch (m)	tan māhi	تن ماهی
Forelle (f)	māhi-ye qezelālā	ماهی قزل آلا
Aal (m)	mārmāhi	مارماهی
Zitterrochen (m)	partomahiye barqi	پرتوماهی برقی
Muräne (f)	mārmāhi	مارماهی
Piranha (m)	pirānā	پیرانا
Hai (m)	kuse-ye māhi	کوسه ماهی
Delfin (m)	delfin	دلفین
Wal (m)	nahang	نهنگ
Krabbe (f)	xarčang	خرچنگ
Meduse (f)	arus-e daryāyi	عروس دریایی
Krake (m)	hašt pā	هشت پا
Seestern (m)	setāre-ye daryāyi	ستاره دریایی
Seeigel (f)	xārpošt-e daryāyi	خارپشت دریایی
Seepferdchen (n)	asb-e daryāyi	اسب دریایی
Auster (f)	sadaf-e xorāki	صدف خوراکی
Garnele (f)	meygu	میگو
Hummer (m)	xarčang-e daryāyi	خرچنگ دریایی
Languste (f)	xarčang-e xārdār	خرچنگ خاردار

140. Amphibien Reptilien

Schlange (f)	mār	مار
Gift-, giftig	sammi	سمی
Viper (f)	af'i	افعی
Kobra (f)	kobrā	کبرا
Python (m)	mār-e pinton	مار پیتون
Boa (f)	mār-e bwa	مار بوا
Ringelnatter (f)	mār-e čaman	مار چمن

Klapperschlange (f)	mār-e zangi	مار زنگی
Anakonda (f)	mār-e ānākondā	مار آناکوندا
Eidechse (f)	susmār	سوسمار
Leguan (m)	susmār-e deraxti	سوسمار درختی
Waran (m)	bozmajje	بزمجه
Salamander (m)	samandar	سمندر
Chamäleon (n)	āftāb-parast	آفتاب پرست
Skorpion (m)	aqrab	عقرب
Schildkröte (f)	lāk pošt	لاک پشت
Frosch (m)	qurbāqe	قورباغه
Kröte (f)	vazaq	وزغ
Krokodil (n)	temsāh	تمساح

141. Insekten

Insekt (n)	hašare	حشره
Schmetterling (m)	parvāne	پروانه
Ameise (f)	murče	مورچه
Fliege (f)	magas	مگس
Mücke (f)	paše	پشه
Käfer (m)	susk	سوسک
Wespe (f)	zanbur	زنبور
Biene (f)	zanbur-e asal	زنبور عسل
Hummel (f)	xar zanbur	خرزنبور
Bremse (f)	xarmagas	خرمگس
Spinne (f)	ankabut	عنکبوت
Spinnennetz (n)	tār-e ankabut	تارعنکبوت
Libelle (f)	sanjāqak	سنجاقک
Grashüpfer (m)	malax	ملخ
Schmetterling (m)	bid	بید
Schabe (f)	susk	سوسک
Zecke (f)	kane	کنه
Floh (m)	kak	کک
Kriebelmücke (f)	paše-ye rize	پشه ریزه
Heuschrecke (f)	malax	ملخ
Schnecke (f)	halazun	حلزون
Heimchen (n)	jirjirak	جیرجیرک
Leuchtkäfer (m)	kerm-e šab-tāb	کرم شب تاب
Marienkäfer (m)	kafšduzak	کفشدوزک
Maikäfer (m)	susk bāldār	سوسک بالدار
Blutegel (m)	zālu	زالو
Raupe (f)	kerm-e abrišam	کرم ابریشم
Wurm (m)	kerm	کرم
Larve (f)	lārv	لارو

Flora

142. Bäume

Baum (m)	deraxt	درخت
Laub-	barg riz	برگ ریز
Nadel-	maxrutiyān	مخروطیان
immergrün	hamiše sabz	همیشه سبز
Apfelbaum (m)	deraxt-e sib	درخت سیب
Birnbaum (m)	golābi	گلابی
Süßkirschbaum (m)	gilās	گیلاس
Sauerkirschbaum (m)	ālbālu	آلبالو
Pflaumenbaum (m)	ālu	آلو
Birke (f)	tus	توس
Eiche (f)	balut	بلوط
Linde (f)	zirfun	زیرفون
Espe (f)	senowbar-e larzān	صنوبر لرزان
Ahorn (m)	afrā	افرا
Fichte (f)	senowbar	صنوبر
Kiefer (f)	kāj	کاج
Lärche (f)	senowbar-e ārāste	صنوبر آراسته
Tanne (f)	šāh deraxt	شاه درخت
Zeder (f)	sedr	سدر
Pappel (f)	sepidār	سپیدار
Vogelbeerbaum (m)	zabān gonješk-e kuhi	زبان گنجشک کوهی
Weide (f)	bid	بید
Erle (f)	tuskā	توسکا
Buche (f)	rāš	راش
Ulme (f)	nārvan-e qermez	نارون قرمز
Esche (f)	zabān-e gonješk	زبان گنجشک
Kastanie (f)	šāh balut	شاه بلوط
Magnolie (f)	māgnoliyā	ماگنولیا
Palme (f)	naxl	نخل
Zypresse (f)	sarv	سرو
Mangrovenbaum (m)	karnā	کرنا
Baobab (m)	bāobāb	بائوباب
Eukalyptus (m)	okaliptus	اوکالیپتوس
Mammutbaum (m)	sorx-e čub	سرخ چوب

143. Büsche

Strauch (m)	bute	بوته
Gebüsch (n)	bute zār	بوته زار

Weinstock (m)	angur	انگور
Weinberg (m)	tākestān	تاکستان
Himbeerstrauch (m)	tamešk	تمشک
schwarze Johannisbeere (f)	angur-e farangi-ye siyāh	انگور فرنگی سیاه
rote Johannisbeere (f)	angur-e farangi-ye sorx	انگور فرنگی سرخ
Stachelbeerstrauch (m)	angur-e farangi	انگور فرنگی
Akazie (f)	aqāqiyā	اقاقیا
Berberitze (f)	zerešk	زرشک
Jasmin (m)	yāsaman	یاسمن
Wacholder (m)	ardaj	اردج
Rosenstrauch (m)	bute-ye gol-e mohammadi	بوتهٔ گل محمدی
Heckenrose (f)	nastaran	نسترن

144. Obst. Beeren

Frucht (f)	mive	میوه
Früchte (pl)	mive jāt	میوه جات
Apfel (m)	sib	سیب
Birne (f)	golābi	گلابی
Pflaume (f)	ālu	آلو
Erdbeere (f)	tut-e farangi	توت فرنگی
Sauerkirsche (f)	ālbālu	آلبالو
Süßkirsche (f)	gilās	گیلاس
Weintrauben (pl)	angur	انگور
Himbeere (f)	tamešk	تمشک
schwarze Johannisbeere (f)	angur-e farangi-ye siyāh	انگور فرنگی سیاه
rote Johannisbeere (f)	angur-e farangi-ye sorx	انگور فرنگی سرخ
Stachelbeere (f)	angur-e farangi	انگور فرنگی
Moosbeere (f)	nārdānak-e vahši	ناردانک وحشی
Apfelsine (f)	porteqāl	پرتقال
Mandarine (f)	nārengi	نارنگی
Ananas (f)	ānānās	آناناس
Banane (f)	mowz	موز
Dattel (f)	xormā	خرما
Zitrone (f)	limu	لیمو
Aprikose (f)	zardālu	زردآلو
Pfirsich (m)	holu	هلو
Kiwi (f)	kivi	کیوی
Grapefruit (f)	gerip forut	گریپ فوروت
Beere (f)	mive-ye butei	میوهٔ بوته ای
Beeren (pl)	mivehā-ye butei	میوه های بوته ای
Preiselbeere (f)	tut-e farangi-ye jangali	توت فرنگی جنگلی
Walderdbeere (f)	zoqāl axte	زغال اخته
Heidelbeere (f)	zoqāl axte	زغال اخته

145. Blumen. Pflanzen

Deutsch	Persisch (Umschrift)	Persisch
Blume (f)	gol	گل
Blumenstrauß (m)	daste-ye gol	دسته گل
Rose (f)	gol-e sorx	گل سرخ
Tulpe (f)	lāle	لاله
Nelke (f)	mixak	میخک
Gladiole (f)	susan-e sefid	سوسن سفید
Kornblume (f)	gol-e gandom	گل گندم
Glockenblume (f)	gol-e estekāni	گل استکانی
Löwenzahn (m)	gol-e qāsedak	گل قاصدک
Kamille (f)	bābune	بابونه
Aloe (f)	oloviye	آلوئه
Kaktus (m)	kāktus	کاکتوس
Gummibaum (m)	fikus	فیکوس
Lilie (f)	susan	سوسن
Geranie (f)	gol-e šam'dāni	گل شمعدانی
Hyazinthe (f)	sonbol	سنبل
Mimose (f)	mimosā	میموسا
Narzisse (f)	narges	نرگس
Kapuzinerkresse (f)	gol-e lādan	گل لادن
Orchidee (f)	orkide	ارکیده
Pfingstrose (f)	gol-e ašrafi	گل اشرفی
Veilchen (n)	banafše	بنفشه
Stiefmütterchen (n)	banafše-ye farangi	بنفشه فرنگی
Vergissmeinnicht (n)	gol-e farāmuš-am makon	گل فراموشم مکن
Gänseblümchen (n)	gol-e morvārid	گل مروارید
Mohn (m)	xašxāš	خشخاش
Hanf (m)	šāh dāne	شاه دانه
Minze (f)	na'nā'	نعناع
Maiglöckchen (n)	muge	موگه
Schneeglöckchen (n)	gol-e barfi	گل برفی
Brennnessel (f)	gazane	گزنه
Sauerampfer (m)	toršak	ترشک
Seerose (f)	nilufar-e abi	نیلوفر آبی
Farn (m)	saraxs	سرخس
Flechte (f)	golesang	گلسنگ
Gewächshaus (n)	golxāne	گلخانه
Rasen (m)	čaman	چمن
Blumenbeet (n)	baqče-ye gol	باغچه گل
Pflanze (f)	giyāh	گیاه
Gras (n)	alaf	علف
Grashalm (m)	alaf	علف

Blatt (n)	barg	برگ
Blütenblatt (n)	golbarg	گلبرگ
Stiel (m)	sāqe	ساقه
Knolle (f)	riše	ریشه

| Jungpflanze (f) | javāne | جوانه |
| Dorn (m) | xār | خار |

blühen (vi)	gol kardan	گل کردن
welken (vi)	pažmorde šodan	پژمرده شدن
Geruch (m)	bu	بو
abschneiden (vt)	boridan	بریدن
pflücken (vt)	kandan	کندن

146. Getreide, Körner

Getreide (n)	dāne	دانه
Getreidepflanzen (pl)	qallāt	غلات
Ähre (f)	xuše	خوشه

Weizen (m)	gandom	گندم
Roggen (m)	čāvdār	چاودار
Hafer (m)	jow-e sahrāyi	جو صحرایی
Hirse (f)	arzan	ارزن
Gerste (f)	jow	جو

Mais (m)	zorrat	ذرت
Reis (m)	berenj	برنج
Buchweizen (m)	gandom-e siyāh	گندم سیاه

Erbse (f)	noxod	نخود
weiße Bohne (f)	lubiyā qermez	لوبیا قرمز
Sojabohne (f)	sowyā	سویا
Linse (f)	adas	عدس
Bohnen (pl)	lubiyā	لوبیا

LÄNDER. NATIONALITÄTEN

147. Westeuropa

Europa (n)	orupā	اروپا
Europäische Union (f)	ettehādiye-ye orupā	اتحادیه اروپا
Österreich	otriš	اتریش
Großbritannien	beritāniyā-ye kabir	بریتانیای کبیر
England	engelestān	انگلستان
Belgien	belžik	بلژیک
Deutschland	ālmān	آلمان
Niederlande (f)	holand	هلند
Holland (n)	holand	هلند
Griechenland	yunān	یونان
Dänemark	dānmārk	دانمارک
Irland	irland	ایرلند
Island	island	ایسلند
Spanien	espāniyā	اسپانیا
Italien	itāliyā	ایتالیا
Zypern	qebres	قبرس
Malta	mālt	مالت
Norwegen	norvež	نروژ
Portugal	porteqāl	پرتغال
Finnland	fanlānd	فنلاند
Frankreich	farānse	فرانسه
Schweden	sued	سوئد
Schweiz (f)	suis	سوئیس
Schottland	eskātland	اسکاتلند
Vatikan (m)	vātikān	واتیکان
Liechtenstein	lixteneštāyn	لیختن‌اشتاین
Luxemburg	lokzāmborg	لوکزامبورگ
Monaco	monāko	موناکو

148. Mittel- und Osteuropa

Albanien	ālbāni	آلبانی
Bulgarien	bolqārestān	بلغارستان
Ungarn	majārestān	مجارستان
Lettland	letuni	لتونی
Litauen	litvāni	لیتوانی
Polen	lahestān	لهستان

Rumänien	romāni	رومانی
Serbien	serbestān	صربستان
Slowakei (f)	eslovāki	اسلواکی
Kroatien	korovāsi	کرواسی
Tschechien	jomhuri-ye ček	جمهوری چک
Estland	estoni	استونی
Bosnien und Herzegowina	bosni-yo herzogovin	بوسنی وهرزگوین
Makedonien	jomhuri-ye maqduniye	جمهوری مقدونیه
Slowenien	eslovoni	اسلوونی
Montenegro	montenegro	مونته‌نگرو

149. Frühere UdSSR Republiken

Aserbaidschan	āzarbāyjān	آذربایجان
Armenien	armanestān	ارمنستان
Weißrussland	belārus	بلاروس
Georgien	gorjestān	گرجستان
Kasachstan	qazzāqestān	قزاقستان
Kirgisien	qerqizestān	قرقیزستان
Moldawien	moldāvi	مولداوی
Russland	rusiye	روسیه
Ukraine (f)	okrāyn	اوکراین
Tadschikistan	tājikestān	تاجیکستان
Turkmenistan	torkamanestān	ترکمنستان
Usbekistan	ozbakestān	ازبکستان

150. Asien

Asien	āsiyā	آسیا
Vietnam	viyetnām	ویتنام
Indien	hendustān	هندوستان
Israel	esrāil	اسرائیل
China	čin	چین
Libanon (m)	lobnān	لبنان
Mongolei (f)	moqolestān	مغولستان
Malaysia	mālezi	مالزی
Pakistan	pākestān	پاکستان
Saudi-Arabien	arabestān-e so'udi	عربستان سعودی
Thailand	tāyland	تایلند
Taiwan	tāyvān	تایوان
Türkei (f)	torkiye	ترکیه
Japan	žāpon	ژاپن
Afghanistan	afqānestān	افغانستان
Bangladesch	bangelādeš	بنگلادش

Indonesien	andonezi	اندونزی
Jordanien	ordon	اردن
Irak	arāq	عراق
Iran	irān	ایران
Kambodscha	kāmboj	کامبوج
Kuwait	koveyt	کویت
Laos	lāus	لائوس
Myanmar	miyānmār	میانمار
Nepal	nepāl	نپال
Vereinigten Arabischen Emirate	emārāt-e mottahede-ye arabi	امارات متحده عربی
Syrien	suriye	سوریه
Palästina	felestin	فلسطین
Südkorea	kare-ye jonubi	کرهٔ جنوبی
Nordkorea	kare-ye šomāli	کرهٔ شمالی

151. Nordamerika

Die Vereinigten Staaten	eyālāt-e mottahede-ye emrikā	ایالات متحدهٔ امریکا
Kanada	kānādā	کانادا
Mexiko	mekzik	مکزیک

152. Mittel- und Südamerika

Argentinien	āržāntin	آرژانتین
Brasilien	berezil	برزیل
Kolumbien	kolombiyā	کلمبیا
Kuba	kubā	کوبا
Chile	šhili	شیلی
Bolivien	bulivi	بولیوی
Venezuela	venezuelā	ونزوئلا
Paraguay	pārāgue	پاراگوئه
Peru	porov	پرو
Suriname	surinām	سورینام
Uruguay	orogue	اوروگوئه
Ecuador	ekvādor	اکوادور
Die Bahamas	bāhāmā	باهاما
Haiti	hāiti	هائیتی
Dominikanische Republik	jomhuri-ye dominikan	جمهوری دومینیکن
Panama	pānāmā	پاناما
Jamaika	jāmāikā	جامائیکا

153. Afrika

Ägypten	mesr	مصر
Marokko	marākeš	مراكش
Tunesien	tunes	تونس
Ghana	qanā	غنا
Sansibar	zangbār	زنگبار
Kenia	keniyā	کنیا
Libyen	libi	لیبی
Madagaskar	mādāgāskār	ماداگاسکار
Namibia	nāmibiyā	نامیبیا
Senegal	senegāl	سنگال
Tansania	tānzāniyā	تانزانیا
Republik Südafrika	jomhuri-ye āfriqā-ye jonubi	جمهوری آفریقای جنوبی

154. Australien. Ozeanien

Australien	ostorāliyā	استرالیا
Neuseeland	niyuzland	نیوزلند
Tasmanien	tāsmāni	تاسمانی
Französisch-Polynesien	polinezi-ye farānse	پلینزی فرانسه

155. Städte

Amsterdam	āmesterdām	آمستردام
Ankara	ānkārā	آنکارا
Athen	āten	آتن
Bagdad	baqdād	بغداد
Bangkok	bānkok	بانکوک
Barcelona	bārselon	بارسلون
Beirut	beyrut	بیروت
Berlin	berlin	برلین
Bombay	bombai	بمبئی
Bonn	bon	بن
Bordeaux	bordo	بوردو
Bratislava	bratislav	براتیسلاو
Brüssel	boruksel	بروکسل
Budapest	budāpest	بوداپست
Bukarest	boxārest	بخارست
Chicago	šikāgo	شیکاگو
Daressalam	dārossalām	دارالسلام
Delhi	dehli	دهلی
Den Haag	lāhe	لاهه
Dubai	debi	دبی
Dublin	dublin	دوبلین

Düsseldorf	duseldorf	دوسلدورف
Florenz	felorāns	فلورانس
Frankfurt	ferānkfort	فرانکفورت
Genf	ženev	ژنو
Hamburg	hāmborg	هامبورگ
Hanoi	hānoy	هانوی
Havanna	hāvānā	هاوانا
Helsinki	helsinki	هلسینکی
Hiroshima	hirošimā	هیروشیما
Hongkong	hong kong	هنگ کنگ
Istanbul	estānbol	استامبول
Jerusalem	beytolmoqaddas	بیت المقدس
Kairo	qāhere	قاهره
Kalkutta	kalkate	کلکته
Kiew	keyf	کیف
Kopenhagen	kopenhāk	کپنهاک
Kuala Lumpur	kuālālāmpur	کوالالامپور
Lissabon	lisbun	لیسبون
London	landan	لندن
Los Angeles	losānjeles	لس آنجلس
Lyon	liyon	لیون
Madrid	mādrid	مادرید
Marseille	mārsey	مارسی
Mexiko-Stadt	mekziko	مکزیکو
Miami	mayāmey	میامی
Montreal	montreāl	مونترآل
Moskau	moskow	مسکو
München	munix	مونیخ
Nairobi	nāyrubi	نایروبی
Neapel	nāpl	ناپل
New York	niyuyork	نیویورک
Nizza	nis	نیس
Oslo	oslo	اسلو
Ottawa	otāvā	اتاوا
Paris	pāris	پاریس
Peking	pekan	پکن
Prag	perāg	پراگ
Rio de Janeiro	riyo-do-žāniro	ریو دو ژانیرو
Rom	ram	رم
Sankt Petersburg	sān peterzburg	سن پترزبورگ
Schanghai	šānghāy	شانگهای
Seoul	seul	سئول
Singapur	sangāpur	سنگاپور
Stockholm	āstokholm	استکهلم
Sydney	sidni	سیدنی
Taipeh	tāype	تایپه
Tokio	tokiyo	توکیو
Toronto	torento	تورنتو

Venedig	veniz	ونیز
Warschau	varšow	ورشو
Washington	vāšangton	واشنگتن
Wien	viyan	وین

www.ingramcontent.com/pod-product-compliance
Lightning Source LLC
Chambersburg PA
CBHW070604050426
42450CB00011B/2977